قائمة المحتويات

تأملات في سينما الكبار

محمد الفقي

◆ العنوان: تأملات في سينما الكبار

◆ تأليف: محمد الفقي

الفهرس

نتشوية تشارلي

آمل أن يوافقني القارئ، بعد قراءة هذه الملاحظات التأملية، عن بعض السمات الاجتماعية والقيمية والفيسيولوجية (والفيسيولوجيا هي علم وظائف الأعضاء) لشخصية المتسكع تشارلي التي ابتكرها الفنان الكبير تشارلز تشابلن، أن يوافقني على أن ما يُعبِّر عنه تشارلي من قيم، وما يأخذ به نفسه من عادات وسلوك، هو وجه لعملة كوميدية ليس وجهها الآخر تافهاً على الإطلاق، وأن جزءًا كبيراً من دوام المتعة في أفلامه إنما يدين بالفضل للجهد المتبصر المحقون فيها.

(1)

مبدئياً إن حاولنا تصنيف تشارلي اجتماعياً لوجدنا أنه لا ينتمي إلى أية طبقة اجتماعية من أي نوع، فهو مستقل عن الطبقات ولا يحتاج إلى سند اجتماعي. إن تشارلي يحسن السير وحيداً، ومسلك الاستقلال هو غريزته الغالبة التي تفرض قانونها على باقي غرائزه. إن امتلاكه لفرديته واضح دائماً حتى في تسكعه وسط الزحام، فلا يمكن لزحام مدينة كبرى أن يمتص فرديته، ووعيه المكثف بذاته يجعله مخلوقاً شخصياً على الدوام وعلى النحو الذي لا يمكن اعتباره جزءًا من كتلة الجماهير، ولذلك تأتي مشاركته في المظاهرة في (العصر الحديث) من باب اللبس وسوء التفاهم لا من باب القصدية والعمد.

ولذلك أيضاً تصبح مَشاهد سكان المدينة الشاحبون، الضجرون، المهتاجون، سريعو التأذي، ضرورية في أفلامه لأنها هي الخلفية التي تَبرز فوقها قسمات فرادته أكثر وضوحاً وتميزاً، وهي التي تُشعرنا بأن الأمر يتطلب منه مزاجاً بطولياً كي يحيا في ظل تلك الشروط محافظاً على فرديته دون عزوف أو استسلام. إن تشارلي ينقذ الكلب الوحيد في (حياة كلب) من مجتمع الكلاب العدوانية الشرسة لأنه هو صنوه وشبيهه.

مسلك الفردية نلاحظه حتى في ردائه الذي لا يخضع للموضة، بل يؤكد استقلاله عن كتلة الجماهير. إن رداء تشارلي يتمتع بجمال شعري خاص، وهو نتاج لخيال واسع، ويلبي متطلباته هو لا متطلبات الموضة: فهو واسع ورخو ليتمتع داخله بالحرية وسهولة الحركة، وحذاءه يشبهان قدمي طائر أكثر من كونهما لبشر، ويتيحان له المشي بسذاجة طائر يجوب شوارع المدينة بحثاً عن غنيمة من الطعام. إن إصرار تشابلن على أن تكون مشية تشارلي أقرب إلى السذاجة ليس من باب إظهاره بمظهر الخراقة (فهو ليس عبيط القرية)، ولكن لحرصه على أن تكون تلك السذاجة مظهراً من مظاهر اندماج تشارلي مع الطبيعة لا مع المدنية الحديثة. وختاماً لهذه الملاحظة، لا يمكن أن تكون أقدام تشارلي إلا مفلطحة: لأنها أقدام الإرادة الثابتة والعزيمة التي لا تلين.

(2)

دائماً ما يحاول تشارلي ابتداع قيم جديدة تأكيداً لفرديته، وهو الأمر الذي يُلاحظ مثلاً في استعماله لأدوات المائدة؛ ففي كل أفلامه نلاحظ إصراره على رفض استخدام أدوات المائدة

1

كما نستعملها نحن أبناء المجتمع الملتزمين بآداب المائدة التقليدية؛ هو لا يرفض استخدامها في حد ذاتها، بل يبتدع لها وظائف جديدة غير تلك المستقرة في الأذهان.

فهو مثلاً: يستعمل الشاكوش لكسر البيض في (المتشردة)، والفرن الساخن لكي بدلته في (حلبة التزلج)، وملاحات الطعام كمنظار مُقرّب في (المهاجر)، وإبريق الشاي كرضَّاعة للطفل، وعلبة السردين كعلبة سجائر في (الطفل)، ويخرم الخبز بمثقاب ليحشو فيه إصبع السجق ويُحكم حشره بدقه بالشاكوش في (يوم استلام الراتب)، ويصمم رقصة للبانتومايم بشوكتين مغروستين في قطعتي خبز في (حُمى الذهب)، ويستعمل بضع قطرات من النبيذ كعطر يضعه خلف أذنيه في (أضواء المدينة)، إلخ.

إن استعمالات تشارلي لأدوات المائدة هي استعمالات ناقدة ومتجاوزة للمتعارف عليه منذ عصر التنوير الأوروبي، وكأنه يقول أن الحضارة الغربية ليست كونية، وأن يقينها بشأن الطبيعة الإنسانية ليس إلا أسطورة متعالية من أساطيرها. وهل من رمز للتراث الحداثي الأوروبي أفضل من أدوات المائدة، كي يعمل على تجاوزه، وهدمه، وإبداعه في شكل جديد؟ إن أكثر المَشاهد التي يبدو فيها تشارلي ناجحاً ومتوافقاً مع طبيعته، هي تلك التي يُفعِّل فيها فلسفته هذه؛ فيستعمل أدوات المائدة لغير الأغراض التي نستعملها نحن لها.

(3)

لكن في الأوقات القليلة ـلحسن حظناـ التي يحاول فيها التوافق مع المجتمع، واتباع آداب المائدة التقليدية، يلحقه الفشل الذريع. فهو مثلاً: يُغرق أكمام سترته في طبق الحساء وهو يأكل، ويلسع نفسه بالقهوة الساخنة في (المهاجر)، ويسكب الحساء على سرواله، ويفشل في استعمال الشوكة والسكين، والفضيحة الكبرى تقع عندما يُعهد إليه القيام بمهمة جرسون المطعم في (حلبة التزلج).

إن فشل تشارلي يحدث في الأوقات التي يُقلد فيها الجماعة، ويتكرر ذلك باستمرار في كل أفلامه: في (أضواء المدينة)، يدخل المطعم الفاخر مرتدياً بدلة رسمية أنيقة برفقة صديقه الثري ذو الميول الانتحارية، ويفشل في مجاراته في استخدام أدوات المائدة أو في التصرفات الاجتماعية اللائقة. وفيما بعد، أثناء الحفل الذي يقام في فيلا صديقه، يكون مجرد وجوده وسط المدعوين سبباً في ارتباكه للدرجة التي يبتلع فيها الصافرة التي كان من المفروض أن يلهو بها، وفي (المهاجر) يُصاب بالفواق لمجرد جلوسه بجوار راكب مصاب به، في حين كان هو الوحيد بين ركاب الباخرة الذي نجح من قبل ـوقت عزلتهـ في الحفاظ على توازنه ولم يُصبه دوار البحر، وفي (العصر الحديث) نسمع صوت معدته ـالتي هي في العادة تهضم الحديدـ تهمهم وتغمغم بعد محاولته تقليد زوجة القس وتناول الشاي مثلها، والحركة الوحيدة الغير رشيقة والخائبة تحدث له في (السيرك) عندما يحاول تقليد منافسه متصدياً للمشي على الحبال ومدعياً ما لا يستطيعه لإثارة إعجاب حبيبته، حتى أنه يتخلى في هذا المشهد عن ملابسه التي نعرفها ويرتدي ملابس تشبه ملابس غريمه، ولذلك تهاجمه القرود ـأكثر الكائنات التي تذكرنا بالطبيعة الأولى للإنسانـ وتجرده من ملابسه وهو على الحبال لترده إلى طبيعته.

إن محاولة تشارلي تقليد الجماعة وتبني قيمها تكون نتيجة رغبة طارئة في أن يصبح مثله مثل الأشخاص "العاديين" في المجتمع؛ ويكون الدافع إليها في الغالب وقوعه في الحب، أو شعوره بغيرة مفاجئة، لكن النتيجة تكون هي الخيبة والفشل في كل مرة: فيفشل في إضحاك الجمهور بسبب شعوره بالغيرة من زميله لاعب الأكروبات في (السيرك)، ويفشل في الحفاظ على توازنه وهو يتزلج على الجليد عندما يتقمص شخصية برجوازية لينال إعجاب حبيبته في (حلبة التزلج)، ويلازمه سوء الحظ عندما يراقص حبيبته في (حُمى الذهب)، فيسقط سرواله أولاً، ويحاول ربطه بحبل يجده على المائدة، فيتضح أن الحبل هو طوق لكلب كبير نائم، ويزيد الطين بلة عندما تدخل قطة إلى حلبة الرقص فيلاحقها الكلب المربوط معه تشارلي.

وحتى عندما يحاول إسعاد حبيبته العمياء في (أضواء المدينة) فيتقمص شخصية رجل غني، لا تكون محاولته تلك إلا مصدراً للآلام والمنغصات، والنهاية التراجيدية للفيلم ـ عندما تبصر الفتاة ـ تؤكد استحالة العلاقة بينهما. إن الأوقات التي يُصاب فيها تشارلي بالمرض هي الأوقات التي يندمج فيها مع المجتمع: فيصبح مخموراً ويخرج عن طبيعته عندما يجاري المليونير في شرب الخمرة في (أضواء المدينة)، أو عندما يستنشق الكوكايين بالخطأ أثناء تناوله للطعام مع زملائه في السجن في (العصر الحديث).

نستطيع أن ندرك الآن لماذ يتجه تشارلي في مشهد النهاية في أفلامه إلى الأفق المتسع الخالي الذي يشبه خواء الصحراء، ولماذا يدير ظهره للمجتمع الحديث ويتجه إلى البرية، بل ولماذا يُفضل سكنى البدرومات والعليات، والخرائب والأماكن المهجورة، بل وحتى زنزانة السجن في (العصر الحديث): إنه يخشى المجتمع المريض أن يصيبه بالعدوى.

(4)

من الطريف ملاحظة أن بيت تشارلي يظل نظيفاً على الدوام، حتى في أقصى حالات جوعه وشقاءه، وحرصه الشديد على النظافة، وعلى نحو متعال، يجعل من المستحيل ضبطه متلبساً بانتهاج أساليب مقززة للتصعيد الكوميدي، وتصل كياسته السينمائية لدرجة تجعله يختفي عن أنظارنا ويدخل المنزل في (الطفل) ليتأكد من نوعية المولود، قبل أن يخرج ليصرح بأنه ذكر اسمه جون.

من المفهوم أن تكون قيم الرقي والطيبة والنبالة مرتبطة ارتباطاً وثيقاً لدى تشارلي بقيمة النظافة؛ كما كانت لدى البشرية الأولى: فوجهه نظيف ومشرق، وملابسه وقبعته نظيفتان دائماً، ويرتدي قفازات في يده كسيد متأنق، ويحرص على غرس قيمة التشدد في النظافة الشخصية في سلوك الطفل الذي يتبناه في (الطفل)، ويشتري بآخر قروش لديه وردة يضعها في عروة الجاكت في (أضواء المدينة).

أما الديكور الداخلي لبيته، واللوحات والتحف التي يحرص على تزيين جدرانه الأربعة بها، فهي غالباً من نفايات المدينة التي يجمعها أثناء ساعات تجواله الطويل. إن تشارلي هاوٍ لجمع النفايات، وهو يسبغ عليها قيمتها الفنية من ذوقه هو فقط. إنه يُمجِّد النفاية التي تتخلص منها المدنية الحديثة وتعتبرها زائدة عن الحاجة. والنفاية لديه تكتسب هذه الأهمية، لأنه إذا كانت قيمة السلعة تتحدد بوقت العمل اللازم لإنتاجها، فإن قيمة النفاية بالنسبة له تتحدد بوقت

التسكع اللازم للعثور عليها. إن تشارلي قادر على التمتع بالنفاية كما يتمتع الفلاح بثمار جهده في الأرض، وساعات تبطله التي يقضيها متسكعاً في الشوارع هي ساعات عمله، وهو يأخذها بنفس الجدية التي يأخذ بها الفلاح عمله في الحقل. وفي هذه الحالة لابد وأن يكون الفضول أثناء التسكع هو من أدوات عمله، كالفأس بالنسبة للفلاح. إن الفضول حاضر دائماً في أفلامه منذ أعماله الأولى؛ وفيلمه المبكر (سباق فينيسيا لسيارات الأطفال) أكبر شاهد على ذلك.

لكن تسكع تشارلي وفضوله لا ينبغي أن يُفهما على أنهما مظاهر لطبيعة كسولة، لأن المجهود الذي يبذله في انتزاع لقمة عيشه لا يقل عن المجهود الذي كان يبذله المصارع في الأزمنة القديمة، فحروبه اليومية هي حروب ضد الجوع، كالإنسان الأول، ولذلك ينخرط حرفياً في مباراة للملاكمة من أجل لقمة العيش في (أضواء المدينة). إن هذا المشهد بالذات هو من أجمل مشاهد تشارلي الكوميدية، والإيقاع فيه يُعد أرقى إنجازات تشابلن في إيقاع المشاهد الكوميدية، وليس غريباً أن يكون لنفس المشهد بذور في أفلامه السابقة، وإن لم يصل في أي منها إلى كمال الإيقاع وروعة الرشاقة في (أضواء المدينة).

(5)

الديناميكة البدنية التي يمتاز بها تشارلي هي نقيض الوعي الذهني المسرف الذي يعشق الفروق الدقيقة بين الكلمات، والذي يعشق ـبخاصةـ الغوص في الماضي والذكريات؛ واللذين لا يقودان إلا إلى الألم والتعاسة.

إن النسيان يلعب دوراً أساسياً في طبيعة تشارلي، والمشاعر السلبية عنده: كالحقد والانتقام، تُستنفد فوراً في شكل رد فعل انفعالي لحظي، فلا تبقى ولا تتراكم في القلب، وبالتالي لا تُسمم نفسه كأولئك الذين تظل نفوسهم تغلي بالحقد دون أن ينفجر الحقد لديهم على الإطلاق. إن غيرة تشارلي من منافسه في (السيرك)، تستنفد سريعاً ويعود إلى طبيعته الأولى، فيعطيه خاتمه ليقدمه لحبيبته ويصبح هو عراب زواجهما. إن تشارلي يتميز بعلامة فارقة لكل طبع قوي؛ فهو لا يحمل أعدائه ولا مصائبه محمل الجد طويلاً، بل ينساهم سريعاً، وتَمَتعه بمَلَكة النسيان يجعله موهوباً في التخلص بحركة واحدة من كل طفيليات الحقد وسموم الكراهية التي تعشش عند غيره. إن حركة الركل الشهيرة بقدمه ـوهي حركة دائماً إلى الوراءـ تستودع كل الخيبات الماضوية، وهي المكافئ لعلامة النصر التي يرفعها المنتصر، وانتصاره يكمن في أنه نجح في تجاوز مآسيه. وتصبح تلك طبيعة أساسية من طبائعه؛ فهو يستعمل قدمه في رفس الماضي، كما يستعمل الثور قرنيه، وكما يستعمل الأسد فكيه.

(6)

من طبائع تشارلي أيضاً: رباطة الجأش في أحلك الظروف وأصعبها، للدرجة التي يبدو فيها وكأنه يملك درعاً واقياً مجهزاً بتركيبة سحرية للحماية من المثيرات (حتى لو حُبس في قفص واحد مع الأسد في "السيرك"). إن مخزونه الخاص من القيم الأقرب إلى القيم اليونانيةـالرومانية، تُمكنه من تحويل الطاقات السلبية الخارجية بعيداً عن اختراق وعيه.

إن تشارلي يهضم حوادث حياته كما يهضم طعامه، وحتى لو ابتلع قطعة صلبة، فإن معدته القوية تساعده على هضمها: إن معدته قادرة على هضم مادة الحذاء في (حُمى الذهب)، والصواميل المعدنية التي تحشرها آلة الطعام في فمه في (العصر الحديث). وهذه القدرة الفائقة على الهضم تقيه من الإصابة بحالة القرف من الحياة، فيظل صلب العود لا يجتاحه مزاج الضجر أو الخواء أو العدم كالإنسان المعاصر، ويظل دائماً يملك القدرة على التمتع براحة البال التي نادى بها أبيقورس بوصفها الخير الأسمى، فيحيا بشكل يبدو وكأنه خال من الأزمات، ويبدو العالم بالنسبة له وكأنه مكان للمتعة والسعادة، وتلك السعادة لا يمكن إدراكها من دون الرقص والموسيقى، تماماً كالأيام البائدة للإنسان الأول؛ أيام الحلبات والمهرجانات والرقص.

(7)

من المستحيل أن نشاهد تشارلي إلا وينتابنا الإحساس بالخفة والرشاقة، حتى في أيسر حركاته، ويبدو أنه قد أدرك السر وراء يُسر الحركة وسهولتها، ألا وهو: أن تقوم كل حركة بتحضير نفسها للحركة التي تليها. ومن النادر أن نضبطه متلبساً بحركة مهتزة غير رشيقة، من تلك الحركات التي تكتفي بنفسها ولا تُعلن عن التي تليها، لأنه يُفضل الحركة في منحنيات لا في خطوط حادة منكسرة؛ فالخط المنحني، وهو يُغيّر من وجهته، يشير إلى الوجهة الجديدة التي سيسلكها، وبالتالي فإن الإحساس بالرشاقة هنا ينبع من لذة توقع الحركة التالية، أي من دمج المستقبل في الحاضر، أو إن شئت: من لذة إيقاف الزمن، ومن التخلص المؤقت من وسواس الزمن.

ولذلك تصبح الحركة الميكانيكة الخطية هي ألد أعداءه. إن الحِدَّة الصارمة للآلة شديدة التعقيد تُدمي روح تشارلي في (العصر الحديث)، والمَشاهد في المصنع مصاغة بطريقة تذكرنا بالمجتمع الحديث خارج المصنع وتستدعيه إلى الذهن، والمتاهة التي يجد تشارلي نفسه فيها داخل الآلة الميكانيكية، هي أيضاً متاهة المجتمع الحديث الذي تمثله الآلة أصدق تمثيل. ويمنح تشابلن الكثير من العناية للقطات الأولى المؤسسة للفيلم: لقطات الخراف المُساقة، والخروف الأسود الشاذ بينها، والذي لن يستمر انسياقه مع المجموعة طويلاً.

في بداية (العصر الحديث)، يظهر تشارلي خلف سير ناقل الحركة بالمصنع، ويبدو ارتكابه للأخطاء المتتالية هو نتيجة لقيامه بالحركة الآلية التي يتطلبها الإنتاج الكبير في الاقتصاد الحديث. حركة تثبيت الصواميل بالمفكات تستمر يداه في تكرارها حتى في أوقات الراحة بعد أن تتوقف الآلات عن العمل وتزول علة القيام بالحركة: تلك هي من الأوقات القليلة التي نرى فيها تشارلي بعيداً عن حالته العفوية.

إن الفعل الآلي تلو الفعل الآلي الذي يقوم به يحوله إلى روبوت، ويشغل وعيه ولا يترك له أي فسحة صغيرة للذات، حتى أن أقل حركة عفوية يقوم بها (كالهرش أو العطس) تُهدد سلاسة العمل في المصنع. يشبه الأمر هنا حالة العبيد ومجدفي السفن في العصور القديمة، وحالة الطاعة الحَرْفية المُطلقة (والخاملة أيضاً) التي كانوا يخضعون لها، وتكرار نفس الفعل الواحد إلى الأبد، والاستنزاف الكامل للوقت، واتباع انضباط مفروض في اتجاه خطي ـمن أعلى لأسفلـ ينكر الذات إنكاراً تاماً.

(8)

من المتع الهامة في حياة تشارلي: متعة تناول الطعام، والجزء الأكبر من نشاطه يدور حول الحصول على الطعام، وسرقاته المتكررة له من دكاكين الباعة ليس من باب اللصوصية، ولكن لأن الطعام بالنسبة له هو كالثمار على الشجر أو حيوانات الصيد في البرية بالنسبة للإنسان الأول، وإن دققنا في مَشاهد أحلامه سنجدها تتمحور أيضاً حول الطعام (كحلمه بالمنزل السعيد الزاخر بالطعام الوافر في "العصر الحديث").

لكن حتى هذه المتعة البسيطة البريئة يحاول المصنع تجريدها منه باختراع آلة جديدة تُحوِّل تناول الطعام إلى فعل آلى خال من المتعة. ومن الذكاء أن يُصمم تشابلن آلة الطعام لتظهر أشبه ما تكون بكرسي الكشف لدى طبيب الأسنان. إن تشارلي الذي لا تكفيه كلتا يديه في العادة ـ ولذلك يستخدم عصاه كيد ثالثةـ يتم تقييد يديه في هذا المشهد بينما تطعمه الآلة قسراً، وهي آلة لا تفرق بين قطعة الكعك والصامولة المعدنية.

المفارقة هنا أن معدة تشارلي تستطيع هضم حتى الصواميل المعدنية التي تحشرها الآلة في فمه، بينما الآلة الكبيرة في المصنع لا تستطيع أن تهضم تشارلي، فتلفظه خارجها عندما يدخل في جوفها، كما تلفظه سيارات الشرطة أيضاً وتقذفه خارجها بقوة أثناء ترحيله. إن تروس (معدة) الآلات (والنظام في المجتمع) لا تستطيع هضم الطبيعة الأولية القوية لتشارلي، لذلك غالباً ما تصاب الآلات التي يقترب منها تشارلي بالعطب.

في نهاية الجزء الأول من (العصر الحديث) يتمرد تشارلي، ويتوقف عن القيام بالحركة الآلية المستمرة التي يتطلبها العمل، ويشرع في الرقص داخل وخارج المصنع مستعيداً حالته الفطرية الأولى، فيظن الجميع أن لوثة قد أصابت عقله، فيستدعون له الإسعاف... خوفاً بالتأكيد من أن تنتقل العدوى إلى بقية زملائه. ومن الطريف ملاحظة أنه وهو يستعيد حالته العفوية الراقصة اللاعبة، يقوم برش زملاءه العمال ورجال الإدارة بالزيت الملين للماكينات، وكأن فطرته تخبره بأنه إزاء آلات تحتاج للتزييت لتصبح أكثر سلاسة، أو كأنه يدين العمال بإطعامهم بالزيت الذي هو طعام الآلة الميكانيكية.

إن المبالغة في ردود أفعال تشارلي في هذا الجزء لازمة لكي يثبت لنفسه استعادته لطبيعته الأولية. وبعد أن يتعافى من الانهيار العصبي ويخرج من المستشفى، نراه لأول مرة بالفيلم في ملابس وهيئة تشارلي التي نعرفهما. نلاحظ هنا أخيراً أن الانهيار العصبي الذي يصيب تشارلي يصيبه عقب إجباره على الأكل (الطعام مرة أخرى!) على نحو آلي ميكانيكي.

(9)

وعلينا أن نلاحظ أن تمرد تشارلي على الآلية والتشيؤ هو نتيجة لانتصار طبيعته الأولى العفوية، وليس نتيجة لتفكير عميق أو تأمل طويل. إن تشارلي عادة لا يتأمل (على عكس بطل تاركوفسكي وبرجمان مثلاً)، والحياة الفاعلة بالنسبة له تتناقض مع الحياة التأملية. إنه "إنسان الفعل" لا "إنسان الفكر"، حتى أن صفاته هي نقيض صفات "رجل الفكر" في صورته النمطية: فهو لا يتصف بالخمول، ولا بشرود الذهن، ولا بالجبن، ولا بالتردد، وعالمه أدفء كثيراً من عوالم رجال الفكر.

إن تشارلي ليس ذو فكر قوي، بل ذو نفس قوية، وليس لديه إلا حب للحياة (ولأنه يحب الحياة ويتمتع بها، فإنه بحاجة إلى يد ثالثة بالإضافة إلى يديه الاثنتين، ولذلك لا يتخلى عن عصاه)، وانغماس في اللحظة الآنية، وقدر لا ينضب من التفاؤل، يجعله هادئ البال ولامبالياً بشأن الأفكار الكبيرة، وأصيلاً (أي بعيداً عن الزيف) على طريقته الخاصة. إن الحياة بالنسبة له تستحق عناء أن تُعاش، وهو لا يتوق إلى ما وراء الحياة، ولا إلى الخلود، ولا حتى إلى العدم (كأبطال أوزو، أو أنطونيوني، أو ملفيل)، ونفسه لا تحمل انقسامات ثنائية (كبطل ديفيد لينش مثلاً)، ولذلك ينجح في الخروج من متاهة المرايا التي يدخلها في (السيرك) والتي تقسم صورته إلى نسخ متعددة.

(10)

ونتيجة لذلك السلام النفسي، تحمل طبيعة تشارلي القدرة على الجمع بين المتناقضات وهضم المتعارضات، دون أن يسبب له ذلك أية مشكلة؛ فالأضداد تتحد في نفسه ويحل بينها السلام والوئام. إن تشارلي قادر على إجراء الحسابات بدقة، وفي نفس الوقت على الحلم أيضاً، يُخرج ساعته من جيبه لينظر فيها، لكنه يملك كل وقت العالم، يحتال للحصول على لقمة العيش، لكنه ذو نفس عزيزة وكبرياء قوية، ينفر من المجتمع، ويتمتع بالنفايات التي يلفظها المجتمع، بائس ومفلس، لكنه متعال متأنق. إنه يجمع بين البراعة والسذاجة، وبين الكسل والحماسة، وبين ردود الأفعال السريعة المترافقة مع تعبيرات وجه مسترخية ومتوانية. وما يُدهشُ المرءَ أكثر من اتحاد الأضداد لديه، هو قدرته على الجمع بينها في تناغم وانسجام وهارمونية.

وربما لذلك كانت فيسيولوجيا تشارلي وطبيعته تمثلان الإشارات الكبرى التي يمكن أن نقرأها بوضوح للإنسان الأول: المخلوق المتفتح الممتلئ بغريزة الحياة، الصحيح البدن، الفرح، القوي، الرشيق، الممتلئ بالأمل، والعزة، والجرأة، والرغبة، المتطلع للجمال، المتفائل، الذي لا يستسلم للإحباط، ولا للحقد، ولا يسبب الأذى لغيره، ولا يشعر بالخزي من نفسه؛ وهذا هو الأهم، كما قال الشيخ زوسيما لكارامازوف الأب في رواية (الإخوة كارامازوف) لدوستويفسكي: "إن الشعور بالخزي من الذات هو بعينه أصل البلاء".

وكلما فضل تشارلي الحياة بشكل أقرب إلى الإنسان الأول، كلما صار ظهوره على الشاشة أكثر بهجة لنا؛ لأننا حينئذ نلتقي معه بالحيوات السابقة للإنسان الأول، ولعل هذا هو السبب في أننا لا نمل أبداً منه. إن ما يمنع تحقق الإشباع من تشارلي هو أن ظهوره يستحضر الماضي الإنساني من رحم الزمن، فتصبح رؤيته في كل مرة أشبه بالمشاركة في يوم عيد من أعياد الأوابد.

لكن تظل المفارقة أنه كلما ظهر تشارلي أكثر قرباً من الإنسان الأول، كلما بعد عنا نحن أكثر وأكثر؛ فالحياة كالإنسان الأول لا تعني تقريبه منا، بل إبعاده عنا أبعد وأبعد. وكلما بعدت المسافة بينه وبيننا، وكان على عيوننا أن تقطع مسافة أعمق لكي تراه، كلما تجلت عظمته مزيداً من التجلي، وكلما ارتدّت النظرة التي نلقيها عليه لتصبح أكثر سحراً.

<u>فيلموجرافيا:</u>

عانى تشارلز سبنسر تشابلن (1889-1977) من طفولة قاسية في شوارع لندن، لكنه مع ذلك عُرف ككوميديان شاب في العروض المسرحية لبعض الفرق الإنجليزية. وفي أعقاب جولة فنية مع إحدى تلك الفرق في أمريكا، عرض عليه الكوميديان الأمريكي ماك سينيت البقاء والعمل معه، فوافق وانضم لشركة (Keystone) عام 1914، ليصنع فيلماً كوميدياً قصيراً كل أسبوع تقريباً. ابتكر شخصية (المتسكع تشارلي) في ثالث أفلامه (سباق فينيسيا لسيارات الأطفال)، وبدأت شعبيتها في الانتشار سريعاً، مما مكنه من المطالبة برفع أجره ومنحه حرية أكبر في صنع أفلامه وإخراجها بنفسه. انتقل من شركة إلى أخرى، لكن يظل عمله مع شركة (United Artists)، والفترة من 1924 إلى 1936، هي أهم الفترات التي صنع فيها أفلامه الطويلة الأكثر نضجاً وروعة. قدم تشابلن شخصية (المتسكع تشارلي) في حوالي 80 فيلماً كوميدياً قصيراً وطويلاً؛ من أهمها:

1- سباق فينيسيا لسيارات الأطفال ، 1914.

2- غاز الضحك، 1914.

3- المتسكع، 1915.

4- ليلة في المسرح، 1915.

5- البوليس، 1916.

6- رجل المطافئ، 1916.

7- المتشردة، 1916.

8- الشوارع الهادئة، 1917.

9- المهاجر ، 1917.

10- حياة كلب، 1918.

11- الطفل، 1921.

12- يوم استلام الراتب، 1922.

13- حُمى الذهب، 1925.

14- السيرك، 1928.

15- أضواء المدينة، 1931.

16- العصر الحديث، 1936.

17- الديكتاتور الكبير ، 1940.

18- أضواء المسرح، 1952.

بضع ملاحظات عن سينما أندريه تاركوفسكي

يتهيب المرء عند الكتابة عن تاركوفسكي، فهناك أولاً الإشفاق على النفس عند التفكير في الكتابة عن هذا الفنان العظيم، وهناك أيضاً حشود الأفكار التي تتلاحق حين يُذكر تاركوفسكي أو أحد أعماله، فضلاً عن الشك في أن لا تكون الكلمات هي الوسيلة الأنسب للتعبير عن سينماه، بثقلها البصري والروحي والميتافيزيقي. لذلك اخترنا أسلوب الملاحظات لكتابة هذا المقال، آملين أن نبرز الفكرة أكثر من تجميل الصياغات، سعياً لتجنب الالتباس الذي قد يسببه استخدام جماليات اللغة عند الحديث عن سينما تاركوفسكي، وهو التباس مطلوب في العمل الفني، مكروه عند التصدي لقراءته. ولا يفوت القارئ الذي أوتي نفاذ البصيرة أن يدرك أن هذه المقدمة الزائدة، إنما تأتي من باب التماس العذر لمحاولة الكتابة عن تاركوفسكي.

<u>أرثوذكسية الفن</u>

هناك في البداية ملمح الرجل الملتزم أشد الالتزام بعمله، فتاركوفسكي ليس من طينة الكسالى الملهمين المنجرفين في أحلامهم. كان الرجل يمقت تلك الخرافة التي خلقها الفنان البوهيمي حول عملية الإبداع، وكان الالتزام عنده يعني صنع الأفلام بوعي كامل، ويعني أيضاً التضحية، وواجب الفنان في التأثير على جمهوره لإيقاظ الجانب الجمالي والروحاني فيه، لا تدمير هما. أرثوذكسية الفن عند تاركوفسكي تبدو كما لو أن الفن يطالب بنفس شروط قدسية الممارسة الدينية: إيمان، وصبر، ومواظبة، وإخلاص، وتضحية. في محادثة له مع السيناريست الإيطالي تونينو جويرا، يقول تاركوفسكي: "السينما فن معقد وهام جداً، وأعتقد أن علينا أن نقدم ذواتنا قرباناً لهذا الفن".

ملمح آخر من أخلاق الفن عند تاركوفسكي هو أن يكون السينمائي قادراً على البحث المتواصل عن الجمال الخالص الذي هو مطمح كبار الفنانين كما كبار الصوفيين؛ ذلك الجمال الذي يظل وفياً لطبيعته الجوهرية عندما تُحجب الصنعة والعمليات التقنية. كان عمله هو سعي دائم للإمساك بهذا الجمال؛ في كل فكرة، ولقطة، وتشكيل، وتعبير، ولون، وحركة. إن عبقرية تاركوفسكي هي عبقرية جمالية تتغذى على الجمال، وأصبحت معه السينما ـلأول مرةـ موضوعاً للجمال. نتذكر في هذا المقام مقولة ستيفان تروفيموفيتش في رواية (الشياطين) لدوستويفسكي (والذي كان تاركوفسكي يحبه ويقدره كثيراً): "هل تعلمون أن الإنسانية تستطيع أن تستغني عن الخبز، وعن العلم، ولكنها لا تستطيع أن تستغني عن الجمال؟! إن الجمال وحده لا غنى لها عنه، إذ بدون الجمال لا يبقى لنا على الأرض ما نعمله! هذا هو السر كله! ذلكم هو كل التاريخ!".

ربما يكون تاركوفسكي كذلك من أكثر السينمائيين الذين تمسكوا بحريتهم في الإبداع، رغم المعاناة والحصار اللذين جوبه بهما داخل الاتحاد السوفيتي؛ من السياسيين والرقباء على حد سواء. كان يرى أن شرط الفنان السينمائي هو الإخلاص الكامل لفنه، وكان تقديره ضئيلاً لمن هم ليسوا أهلاً لذلك؛ أولئك الذين يضعون الفن في خدمة السياسي أو التاجر.

9

كان أيضاً يمقت طريقة هوليوود في صنع الأفلام التجارية بنفس الطريقة التي يتم بها إنتاج السجائر والمياه الغازية، كان لكونه فناناً حراً يحتقر هذا النوع من النجاح، وعرف أن الثمن الذي يُدفع للحصول على الجمال الخالص هو التضحية بالنفس قرباناً للفن.

الزمن

آمن تاركوفسكي بأن المادة الخام للسينما هي الزمن، فهو المادة الأولية الوحيدة التي لا يستطيع السينمائي أن يخلقها؛ هو مكمن قوة وفخر السينما (ونقطة ضعفها في آن واحد)، فالسينما هي الوسيلة الفنية الأكثر قدرة على عرض الزمن، والوعي بجمالياته، وبنائيته، وتحولاته.

ربما يكون فيلمه (المرآة) هو المثال الأوضح على الفكرة المعقدة للزمن لدى تاركوفسكي، وعلى طريقته في استخدام الزمن. ففيلم (المرآة) هو فيلم عن المخرج نفسه وعن ذكريات طفولته، وبالتالي فإنه لا يتناول زماناً واحداً، بل يتراوح السرد فيه إلى الأمام وإلى الخلف، في الحاضر والماضي، وعلى نحو يصبح فيه الماضي حاضراً، وتذوب فيه الخطوط الفاصلة بينهما، بنفس فكرة الديمومة عند الفيلسوف الكبير هنري برجسون؛ أي أن الزمن هنا هو الزمن النفسي الداخلي، الذي يتكون من لحظات من الماضي والحاضر متجددة دون انقطاع، تتداخل مع بعضها البعض لتشكل تياراً واحداً، وبهذا المعنى يكون الزمن هو ديمومة حية ومعاشة، يعيشها الإنسان داخلياً، وتُبقي الأحوال الماضية حية ومتجانسة وعضوية داخل الأحوال الحاضرة.

يتحرك (المرآة) بحرية محسوبة حساباً دقيقاً، ما بين الحاضر والماضي، ما بين الألوان والأبيض والأسود، ما بين الدراما والمادة التسجيلية وإعادة خلق الوقائع. ولكنه في تناوله للماضي ليس فيلماً عادياً من أفلام السير الذاتية للمخرجين. فحتى الجزء التسجيلي في الفيلم، والذي يتناول فترات: (1935م ، 1943م ، 1969م) ، يكون التذكر فيه تذكراً موضوعياً لا ذاكرة ذاتية. وبقدر ما تبدو المشاهدة الأولى صعبة ومربكة، إلا أن المشاهدات التالية تثبت كم أن الفيلم شديد الطبيعية والاتساق والعضوية في حكي قصة الذكريات باستخدام الأسلوب البصري. إن فيلم (المرآة) يطمح إلى الحب، ولكن ليس من أول نظرة، بل من آخر نظرة. فالفيلم الخالي من الصدمات، يتسلل في المشاهدات التالية إلى وعي المتفرج فيصبح جزءًا من خبرته الشخصية، وكأن مضي الزمن هنا هو المحدد لتقييم جمالية الفيلم، مثلما تبدو قطعة موسيقية غريبة في البداية ثم تعتادها النفس حتى تصبح هي المثال على الطبيعية في الفن، لأن فيها تتحقق قوانين الجمال.

إن كل شيء عند تاركوفسكي هو عن الزمن، والمكان عنده خادم في بلاط الزمن، بل إنه يحل تعبيرياً في كثير من الأحيان محل الزمن الذي يكون هو من وراء القصد، كما تحل المسافة المكانية محل المسافة الزمانية، فيصبح النجم المذنّب الذي يقطع المسافة المكانية في الفضاء هو الرمز لتحقيق أمنية يتمناها المرء في زمن مقبل، وبهذا المعنى يصبح المكان رمزاً للزمن في فيلم (سولاريس)، الذي تدور أحداثه في محطة فضائية بعيدة عن الأرض وقريبة من كوكب غريب يرسل الذكريات الشخصية لكل من يقترب منه فتنمحي الفواصل بين الماضي والحاضر، بل يصبح الماضي أقوى حضوراً من الحاضر نفسه (في صورة

الزوجة المتوفاة التي تعود مراراً للحياة مع البطل في المحطة الفضائية). في (سولاريس، كما في (نوستالجيا)، الزمن ليس هو الزمن الأرضي الدنيوي، ليس هو زمن النسيان، ولكنه زمن التذكر، زمن الديمومة. وجعل الديمومة حاضرة على الدوام، جعل الماضي جزءًا حيوياً من الحاضر هو ما يُخلص الروح من وسواس الزمن، وهو نفس ما حاول القيام به سابقاً مارسيل بروست في رائعته (البحث عن الزمن الضائع)، التي أسسها على إعادة تخليق الخبرة الماضية ضمن شروط الحاضر المعاش.

هنا تتحد الحياة الفعلية مع الحياة التأملية، ويكون كلاهما في خدمة الذهن، وتطيع الذاكرة نداءات الذهن وتستجيب له. فزمن الديمومة متكامل وليس ممزقاً ولا متشظياً، فالماضي والحاضر يدوران في تيار واحد. لكنه بالنسبة لتاركوفسكي، كما كان بالنسبة لبروست، ماض وحاضر منتقى بعناية. إن تاركوفسكي لا ينفتح إلا على القلة القليلة من الأيام التي لها مغزى ودلالة؛ والتي تبدو كأيام تكتمل فيها دائرة الزمن، إلى الدرجة التي تعيدنا فيها مشاهد التذكر إلى ما يشبه الأزمنة القديمة، والأيام البدائية، في منطق أشبه بالأحلام، وكأن أفلامه تريد تذكيرنا بمعطيات ما قبل التاريخ، وكأن الصور السينمائية قادرة على ما لم تستطعه حتى الآن أي خبرة إنسانية. (المرآة) و(سولاريس) و(نوستالجيا) لا تبدو أفلاماً عن تأبين أزمنة أفلتت وانقضى أوانها بقدر ما هي أفلام عن التذكر، ليس بوصفه تاريخاً، بل بوصفه من ما قبل التاريخ. فالالتقاء بالحيوات السابقة للبطل يجعلنا كأننا في أيام أعياد، وما يجعل الأعياد عظيمة هو الالتقاء بحيوات من احتفلوا بها سابقاً والإنصات فيها إلى همهمة الماضي. إن الزمن في أفلام تاركوفسكي يصبح محسوساً على نحو فائق ربما لأن الزمن هنا خارج التاريخ، إذا كان التاريخ يعني التسلسل الزمني الذي يترك عرشه لمفهوم الزمن بوصفه الديمومة؛ بوصفه الأبدية.

<u>بعض الخصائص البصرية</u>

يعارض تاركوفسكي براديكالية استخدام المخرج والمنظر الروسي سيرجي أيزنشتاين لإسلوب (المونتاج الفكري)؛ أي تجميع لقطتين لهما فكرتان مختلفتان، مما يُنتج فكرة ثالثة جديدة في ذهن المُشاهد، ويعارض أيضاً ما يستتبع ذلك من إسلوب الإيقاع السريع. كان تاركوفسكي يرى أن أسلوب أيزنشتاين لا يترك مساحة لروح المُشاهد، ولا مكاناً لما هو مسكوت عنه، ولا للصوت الداخلي في الإنسان، ولا للالتباس الذي هو أهم ما في الفن. لقطة للجماهير المحتشدة (+) تتبعها لقطة لتمثال لأسد يهم بالنهوض (=) تساوي فكرة أن الجماهير ستقوم بثورة؛ كان تاركوفسكي يكره مثل هذا الأسلوب في صنع السينما، لأنه يرفض فرض نوع من الميكانيكية التي هي ليست من صلب العمل، ولأن تشظية الزمن، والمكان، والحدث، ضد طبيعته، ولذلك رفض أيضاً استخدام القطع المتوازي (أي عرض حدثين يقعان في مكانين مختلفين في نفس الزمن).

إن تاركوفسكي لا يستخدم التتابع السينمائي كما هو متعارف عليه كلاسيكياً، بل تبدو أفلامه وكأنها مضادة للسينما. السينما التي أخضعت مركز الحس في عقل الإنسان لنوع معقد من التدريب، والتي راحت تشبع حاجة جديدة خلقتها إلى المثيرات، في أفلام يتأسس

الإدراك فيها في شكل صدمات متتالية، وكأن إيقاع الإنتاج الصناعي الكبير على سير ناقل الحركة في خط التجميع قد انتقل هو أيضاً إلى طريقة الفرجة، وحدد إيقاع الفيلم.

هنا يأتي تاركوفسكي ليطيح بكل ذلك بضربة جمالية واحدة، وكأنه يبارز الإنتاج الكبير بالعمل اليدوي الحرفي المرتبط بإرادة صانعه، تلك الإرادة التي تختفي في الإنتاج الرأسمالي الفيلمي، حيث الإنتاج فيها مستقل عن إرادة السينمائي؛ يدخل الفيلم إلى مجال حركته ويبتعد في خط الإنتاج دون إرادته، ويتعلم الجميع تنسيق حركاتهم وحيواتهم وأفكارهم مع الحركة المنتظمة للإنتاج السينمائي الكبير؛ والذي يعمل بدوره كمخدر، وكوسادة لامتصاص الصدمات في المجتمع الاستهلاكي؛ كمثل العربات المتصادمة في مدينة الملاهي التي تقوم بدور الإلهاء وتفريغ الصدمات للزبون. وبهذا المعنى يصبح الإيقاع السريع في الأفلام التجارية لازماً، وهو يماثل الإيقاع السريع لحركة يد موزع الورق في ألعاب الحظ والقمار، والكدح الذي يمارسه العاملون في السينما هنا يشبه الكدح الذي يمارسه المقامر على طاولة اللعب؛ نفس اللاجدوى، والخواء، ونفاد الصبر، والآلية، والعجز عن القيام إلا برد فعل انعكاسي، وكأنهم شخصيات الزومبي الخيالية التي قضت تماماً على ذاكرتها واستسلمت لاستحواذ نهم الحواس.

أما عمل تاركوفسكي المضاد فيتأسس على استخدام اللقطة المشهدية الطويلة، والإيقاع المتمهل (اللازم للتأمل)، بما يستتبع ذلك من ميز انسين داخل اللقطة الواحدة (أي حركة الممثلين والإكسسوار والكاميرا وعلاقاتهم ببعضهم)، وكأنه بهذه الطريقة ينفي المونتاج نفسه. بالإضافة إلى تحريم المونتاج المتسارع (الذي يعني اختزال الزمن)، وتحريم القطع المتوازي(أي تحريم الإدراك المتزامن)، وكأنه هنا يعمل ضد ما أُعتبر الإنجاز العظيم للسينما: تسجيل حدثين في مكانين مختلفين في نفس الزمن.

من أهم اللقطات المشهدية التي لا ينساها المُشاهد؛ مشهد أندريه المحتضر في (نوستالجيا) وهو يحاول عبور ينبوع الماء الجاف من طرفه الأقصى إلى طرفه الآخر حاملاً شمعة يحاول الحفاظ على شعلتها. تنطفئ الشمعة لهبوب الريح، فيعود أندريه إلى البداية ويعيد إشعال الشمعة ويلمس الجدار ويشرع في العبور من جديد، ويتكرر الأمر وتنطفئ الشمعة مرة أخرى، وتستمر كاميرة تاركوفسكي مع محاولات أندريه المتكررة في حماية نور الشمعة وإيصالها للجانب الآخر، في لقطة مشهدية واحدة تقارب الثماني دقائق كاملة، متحركة بحرص وتمهل. إيقاع الكاميرا المتمهل هنا في غاية الأهمية؛ إن الكاميرا تتبع أندريه ولا تسبقه، إنها لا تتوقع الحركة، مما يحدد مهمة الكاميرا في سينما تاركوفسكي؛ إنها التأمل لا تحريك الأحداث.

ولأن وظيفتها هي التأمل، ترتفع الكاميرا عند تاركوفسكي أعلى من مستوى الشخصيات، على عكس الكاميرا في هوليوود التي يجب أن ينخفض مستواها عن الشخصيات حتى تُبرز أعين النجوم، وعلى عكس الكاميرا شديدة الانخفاض عند ياسوجيرو أوزو مثلاً؛ التي تلتحم بالأرض لتصور روح الضجر في الإنسان والعدمية في العالم. لا، إن كاميرة تاركوفسكي ليست كاميرا أرضية، إنها متعالية في الفضاء؛ ترنو إلى الأرض وتتأمل روح الإنسان في شفقة.

اللقطة المشهدية الطويلة هي كالمحقق الذي يُخضع العالم للاستجواب ليُدلي باعترافه ويكشف عن الحقيقة. لكن اللقطة الطويلة لتاركوفسكي ليست هي نفسها اللقطة التسجيلية الطويلة لروبرت فلاهيرتي مثلاً في فيلم (نانوك رجل الشمال، 1922)؛ فالأخيرة كان طموحها هو تسجيل الزمن الفعلي لانتظار رجل الإسكيمو وهو يصطاد الفقمة، وكان طموح فلاهيرتي أن يجعل المُشاهد ينتظر نفس الزمن الذي ينتظره الإسكيمو للظفر بصيده. أما اللقطة الطويلة لتاركوفسكي فإن طموحها ليس تسجيل الواقع، ولا هو حتى طموح الشاعر الرومانسي في نقل جماليات العالم والطبيعة، ولكنه طموح خلق عالم ذاتي باطني خاص. إن تاركوفسكي لا يُسجل، إنه يخلق، إنه يستبعد العالم الواقعي من كادراته لتحل محله عوالم النفس البشرية، والتذكر، وحالات الروح، وتموجات الأحلام. وبهذا المعنى يتيح الإيقاع المتمهل الفرصة لأن تنهض اللقطة المشهدية الطويلة كعمل بصري فذ في حد ذاته؛ كلحظة وجودية خالصة.

<u>الروح</u>

لم يوجد في تاريخ السينما من أوقف حياته للتعبير عن الروح الإنسانية مثلما فعل تاركوفسكي، الذي آمن بأن الإنسان كائن روحاني بالأساس. هذا ما يميزه عن كبار مخرجي السينما الآخرين الذين اهتموا أيضاً بالروح الإنسانية، ففي حين تناولوا هم الصراع الروحي كجزء من الحبكة نراه في أوقات فراغ الشخصيات المغروسة في القضايا السيكولوجية أو الاجتماعية أو العاطفية، كانت الروح عند تاركوفسكي هي الحبكة لا جزءًا من الحبكة؛ هي المعمار الخفي الذي يشيد عليه الفيلم بأكمله، بل ويربط بين أفلامه وبعضها البعض.

من أجمل أفلامه التي يبدو فيها ذلك جلياً فيلم (الطواف)؛ والذي تخوض فيه ثلاث شخصيات (الطواف، والكاتب، والعالم) رحلة روحانية مكثفة في ما يسمى بـ (المنطقة)؛ وهي منطقة غريبة وخطرة تحدث فيها أشياء عجيبة وتوجد بها (حجرة الأماني) التي تحقق أعز أمنيات الإنسان إلى قلبه. إن هدف الرحلة لدى الشخصيات الثلاث هو هدف شخصي لكل منهم، لكن الصراع ذو طبيعة واحدة لهم جميعاً: البحث عن الخلاص، عن النور، عن الحقيقة، عن الإيمان في أرواحهم التعبة. والطواف هنا هو بمثابة المرشد الذي يعرف (المنطقة) ويقودهم خلال دروبها الخطرة، وهو يفعل ذلك بالاستماع إلى الصوت الداخلي لروحه، باستخدام حدسه لا معرفته، لإن المعرفة لا قيمة لها في (المنطقة)؛ فالطرق تتغير وتتبدل، وما يكون مأموناً في لحظة يكون مميتاً في اللحظة التالية؛ حواجز وشراك لا تنفع معها المعرفة، ولا سبيل ينجح إلا الغنوصية، والإنصات للصوت الداخلي البدائي والفطري الذي فقده الإنسان الحديث باللامبالاة؛ الإنصات للحقيقة المدفونة داخل الإنسان. كان تاركوفسكي يعتقد أن مهمته هي إيقاظ ذلك الصوت الداخلي في أرواح المشاهدين، مثله مثل الطواف الذي يحاول الوصول بالكاتب والعالم إلى حجرة الأحلام، وأيضاً كمثل الشاعر المنفي في الغربة يمشي حاملاً شمعة يحاول الحفاظ على نورها في (نوستالجيا).

سلوك الطواف يبدو لنا شاذاً كمشاهدين، فبدلاً من أن يشق طريقه في (المنطقة) واثقاً كمرشد يعرف طريقه، فإنه على العكس يبدو متردداً، معولاً على الإيمان الذي سيقوده إلى الأمان، حريصاً على أن لا يشوش أو يؤذي أو يبعث الاضطراب في أي شيء داخل

(المنطقة)، إنه ينصت إلى صوته الداخلي وإلى صوت (المنطقة) في نفس الوقت، ينصت لصوت الحقيقة، لصوت الإله عبر رحلة الحياة. تماماً مثل صانع الأجراس الصغير في فيلم (أندريه روبليف) الذي يقوده الإيمان والاستماع لصوت روحه الداخلي إلى التوصل إلى سر تركيب مادة جرس الكاتدرائية دون معرفة مسبقة. إن المعرفة الحقيقية عند تاركوفسكي هي المعرفة الغنوصية، هي النجاح في الإنصات لصوت الروح. قرب نهاية الفيلم، يتشكك الطواف نفسه في وجود (المنطقة) وجوداً مادياً فعلياً، فيقول لزوجته متسائلاً: "لا أحد يؤمن بـ (المنطقة)... بمن آتي إلى (حجرة الأحلام) إن لم يوجد من يؤمن بها!". وتبين كلمات تاركوفسكي في مذكراته (زمن داخل الزمن) أن (المنطقة) ربما لم توجد يوماً إلا في عقل الطواف فقط. وهو ما يتوافق مع رؤية تاركوفسكي بأن (غرفة الحقيقة)؛ يحملها كل إنسان داخل نفسه.

هكذا كان تاركوفسكي منقباً عن معنى الوجود الإنساني، عن الأسئلة الخاصة بالحقيقة، والمطلق، والإله، ولذلك لا تقف أفلامه عند حدود سرد حكاية بسيطة، بل نستطيع أن نغفل الحبكة (الحكاية) وتظل أفلامه لها نفس الأهمية لا تقل. وشخصيات أفلامه تتحمل كل ذلك؛ إنها شخصيات تحمل الوجود بأكمله على أكتافها، تحمل، كما حمل تاركوفسكي نفسه، راية منقوش عليها: الروح، الزمن، الخلود، الغنوصية، وهو واقف على العتبة التي تفصله كفرد عن زحام السينما السائدة. من المهم ملاحظة أن أعمال تاركوفسكي تحمل عناوين فردية وذاتية: (طفولة إيفان)، (أندريه روبليف)، (الطواف)، (المرآة)، (نوستالجيا)، (القربان). إن شخصيات تاركوفسكي ممتلكة لفرديتها على الدوام، ولا يمتصها العالم الخارجي بكل إلهاءاته، ولا هي تنسى نفسها فيه؛ إنها غير قابلة للبيع. كما أننا نلمح تاركوفسكي نفسه تحت جلد كل شخصية من شخصياته، بالرغم من أنهم بعيدون عن التشابه، كتناقض الإنسان وتجانسه في نفس الوقت، كتناقض الفن العظيم وتجانسه في نفس الوقت. إن تاركوفسكي هو آخر شخص يمكن أن نلمس لديه شيئاً من التظاهر أو الادعاء، فلم يكن يسمح بافتعال أي شيء، ولا حتى شخصياته، لم يكن يسمح بالخروج عن حدود أناه الخاصة، فمن خلال معرفته الدقيقة بذاته كان يلمس الأوتار التي تحرك أبطاله.

المبارزة مع العمل

الغنوصية والمعرفة القبلية والحدس التي آمن بهم لم تعني له إطلاقاً الركون إلى الكسل، بل رافقها إيمان راسخ بأن على الفنان أن يملك قوة إرادة عظيمة حتى تكون جهوده مثمرة، وحتى تمنح أعماله طابع التفرد. كان تاركوفسكي لا يكف عن التأمل بعناد لكل تفاصيل العمل، وكان يعرف كم يكلف من الجهد الشاق جعل عمل فني ينبثق من حلم يقظة. المبارزات بين تاركوفسكي وبين المادة الخام لم تتوقف أبداً وهو يحولها إلى عناصر فنية، متعقباً تلك العناصر بمزيد من التركيز والتفحص في سلسلة متصلة من التنقيحات، كأنه فنان يخوض نزالاً مع عمله الفني. وهذا ما يتضح لنا من النسخ المعدلة من السيناريوهات التي كتبها لأفلامه، والسيناريوهات الفنية للتصوير، وملاحظات المونتاج، فضلاً عن ما ورد عن ذلك في كتابيه (زمن داخل الزمن) و (النحت في الزمن)، والتي تبين أنه كان يعمل باستمرار، وأنه كان مشغولاً بالتعديلات باستمرار.

من الأمثلة المهمة على ذلك؛ إعادة تصوير فيلم (الطواف) ثلاث مرات كاملة. وأيضاً مبارزاته مع المادة الخام في فيلم (المرآة)؛ حيث بدأت فكرة (المرآة) كمشروع كتابة رواية عن ذكريات الطفولة، ثم تطورت إلى كتابة سيناريو بعنوان (نهار أبيض)، لكنه لم يرض عن الكتابة الأولى، فتحول إلى فكرة عمل مقابلات مع أمه تتحدث فيها عن ذكرياتها مع طفولته هو شخصياً، ومقابلات أخرى مع زوجته (ماريا فيشينياكوفا)، ثم استقر على فكرة فيلم (المرآة) كما صوره في النهاية. وحتى بعد التصوير، كانت هناك تعديلات دائمة، واستبعاد لبعض اللقطات (كاللقطة الصريحة التي يظهر فيها تاركوفسكي نفسه في الفيلم)، وقرارات بإعادة تصوير لقطات أخرى، وإضافة لقطات جديدة.

أما تصوير اللقطة الأخيرة في فيلمه الأخير (القربان)، فربما لم توجد واقعة تعبر عن المعاناة والكرب التي كان يتعرض لهما تاركوفسكي في حياته وعمله أكثر مما تعرض له أثناء تصوير تلك اللقطة. كان بطل تلك اللقطة هو البيت الذي سيقوم بطل الفيلم أندريه بإحراقه قرباناً للبشرية التي تم إنقاذها من الكارثة المحققة. وبعد طول إعداد وتجهيز، يعطي تاركوفسكي إشارة البدء للتصوير، ويتم إحراق البيت على النحو الذي يتمناه، لكن في لحظة فارقة تحدث الكارثة فتتوقف الكاميرا عن العمل لعطل غريب أصابها، ويفسد تصوير المشهد. لا شيء هنا يمكن عمله، ولا أحد يمكن لومه، إنها ميكانيكا السينما ذاتها تخذله وتخونه، وكأنها تذكره بأنه شخص غير مرحب به في مجالها. يظل تاركوفسكي لدقيقتين مشلولاً من المفاجأة، ويفيق أخيراً من الصدمة فيغطي عينيه بكلتا يديه؛ لقد أتته الضربة هذه المرة من آخر مكان يمكن توقعه.

يستغرق الأمر ثلاثة أيام كاملة لإعادة بناء الهيكل الخارجي لديكور البيت ولإعادة تصوير مشهد الحريق، ويتم البدء من جديد في تصوير المشهد الطويل الذي يستغرق حوالي ست دقائق كاملة على الشاشة، ويقوم أندريه بإشعال النار في البيت مجدداً، وتشرع الكاميرا في الحركة كما هو مخطط لها، ومرة ثانية يحدث الكابوس؛ هذه المرة الخائن هو شريط السينما (النيجاتيف) الذي علق داخل الكاميرا، مرة أخرى السينما نفسها تعاند تاركوفسكي وتأبى إلا أن تخرج له لسانها. يضحك عمال التصوير من تكرار نفس الكابوس مرتين بنفس الشكل، ويبدو على تاركوفسكي أنه على شفا الموت في تلك اللحظة، دون أن يعلم أحد، ولا هو نفسه، أنه كان يحتضر فعلاً من داء السرطان في تلك الأثناء.

توفي أندريه تاركوفسكي فيما بعد من نفس العام الذي صور فيه تلك اللقطة. توفي في منفاه بباريس عشية عيد الميلاد في 29 ديسمبر 1986، بعد أن صنع سبعة أفلام روائية طويلة كما تنبأت له روح بوريس باسترناك التي قام بتحضيرها له عراف روسي، وقالت له: "ستقوم بصنع سبعة أفلام"، رد تاركوفسكي الشاب الذي كان يدرس السينما: "سبعة أفلام فقط ؟!"، وأجابت الروح: "نعم، سبعة أفلام فقط... لكن سبعة أفلام عظيمة".

<u>فيلموجرافيا:</u>

ولد أندريه آرسينيفيتش تاركوفسكي في بيلاروسيا عام 1932، وتوفي في منفاه الاختياري بباريس عام 1986، واحترف العمل السينمائي عام 1960. كان قد درس أولاً

اللغة العربية، ثم علم الأحياء، قبل أن يلتحق بمعهد الفيلم الشهير بموسكو (فجيك) VGIK في الفترة ما بين عامي 1958-1960، حيث صنع 3 أفلام قصيرة لفتت إليه الأنظار بشدة.

صنع تاركوفسكي 7 أفلام روائية طويلة:

1- طفولة إيفان، عام 1962، ونال عنه جائزة الأسد الذهبي في مهرجان فينيسيا.

2- أندريه روبليف، عام 1966.

3- سولاريس، عام 1972.

4- المرآة، عام 1975.

5- ستوكر (الطواف)، عام 1979.

6- نوستالجيا (حنين)، عام 1983، وهو أول أفلامه التي تم تصويرها خارج الاتحاد السوفيتي في إيطاليا.

7- القربان، عام 1986، وتم تصويره في السويد.

ديفيد لنش.. البحث عن الذات

لا يلجأ المخرج الأمريكي الكبير ديفيد لنش للمنطق العادي في أفلامه، بل يستبدله بمنطق الأحلام؛ وبتحديد أكثر: منطق الكوابيس. لكن ذلك لا يعني أن شخصيات لنش تعيش داخل كابوس ستفيق منه عاجلاً أو آجلاً؛ فالحقيقة أنها لن تفيق أبداً؛ والمُشاهد الذي يوافق على دخول مملكة لنش، يكون منذ البداية قد وافق على أن يحكم العالم المنطق الكابوسي.

أفلام لنش تعد المُشاهد في بدايتها بفيلم من نوعية (من الفاعل) (whodunit)، لكنه في الحقيقة وعد كاذب، فكشف هوية القاتل، والذي هو هدف أفلام (من الفاعل)، لا يهم لنش أساساً، ولا هو يسعى وراءه. لم يسعَ مثلاً وراء القاتل الحقيقي في (الطريق المفقود)، ولا لكشف غموض جريمة القتل التي تفتتح فيلم (طريق مولهولاند)، ولا سار وراء جريمة القتل الغامضة التي يُقتل فيها أبطال الفيلم البولندي في فيلمه الروائي الأخير (مملكة الداخل). إن لنش يستخدم جريمة القتل بنفس استخدام هيتشكوك لما كان يُطلق عليه "الماكجوفين" (أو سمكة الرنجة الحمراء): أي كطعم لاصطياد المُشاهد؛ كعامل إغراء لإدخاله مملكته الأسلوبية الخاصة؛ مملكة لنش الكابوسية. وبدخول المُشاهد تلك المملكة، يسقط في سلسلة من الاستدراجات التي لا يستطيع الفكاك منها، والتي لا يصلح معها المنطق في فهم الأحداث؛ حيث يصبح اللامنطق هو المنطق في صرامته، ولا يملك المرء هنا إلا أن يستدعي رحلة (ك) في رواية القصر لكافكا، وهو يحاول جاهداً الوصول إلى القصر دون جدوى.

يؤسس لنش معمار أفلامه على المنطق الكابوسي، ويستخدم الألعاب السيريالية لتحقيق ذلك: تشويه المنظور (الدرامي والبصري)، لعبة المرايا المتقابلة (التي تعكس الصورة إلى ما لا نهاية)، لعبة العروسة الروسية (عروسة أصغر داخل عروسة أكبر، وهكذا)، الغرائبية (والتي هي أكبر من مجرد شذوذ بعض الشخصيات والسلوكيات؛ فهي منطق كامل صلد، يستطيع الصمود والدفاع عن نفسه في وجه المألوف)، الزمن الدائري (اللاخطي)، وتسييل الحواجز بين الذات والعالم.

إن مملكة لنش ليست مملكة من سهول وتلال، وصحاري وجبال، بل هي أساساً وحصرياً مملكة "الداخل"؛ مملكة النفس البشرية. وهي مملكة أسلوبية مستبدة، لا جمهورية شعبوية ديمقراطية. قد نستطيع رصد أشهر العناصر الأسلوبية درامياً وبصرياً لتلك المملكة في: سيولة الوجود بين الذات والعالم، منطق الحلم الكابوسي، المغالطات الحوارية التي تنفي قيمة الكلمات، المعاناة التي يسببها الشبق واستحواذ العامل الجنسي (والرغبات تبتلع الوجود ابتلاعاً)، والسادية المدفونة في أعماق الإنسان، الهوس بالتلصص، خداع النفس بالرومانسية والبراءة، النسيان، الأحلام كمصدر للمعرفة، ارتفاع سقف العنف، لاعقلانية الإنسان، الغموض، وتفضيل مناطق الظل في النفس البشرية، الإضاءات المعتمة للصورة، وأجواء الفيلم نوار، شكل الرحلة في الفيلم (رحلة من عماوة القلب إلى كابوسية التنوير)، التحولات الفجائية للشخصيات في الزمان والمكان والهوية، وتغير الذات من شكل إلى

شكل، رهافة وجمالية شريط الصوت، التوائم المتناقضة، الاحتفاء بالشكل، الحنين إلى جماليات عقد الخمسينيات بأزيائها وإكسواراتها وأدواتها المنزلية، الجنوح لمنطق الفلسفات الشرقية (وخصوصاً البوذية)، العلاقة الجدلية مع هوليوود (كراهية واحتياج في نفس الوقت. لنش هو حامل لواء التجريب والجنون والإسراف في هوليوود)، المشاهد التي لا تكتمل، وقطع التسلسل في السرد، الرموز الفلسفية التي لا تتكشف إلا عبر المشاهدات المتكررة لأعماله؛ خصوصاً ثلاثيته الأسلوبية الأروع والأكثر تعقيداً: (الطريق المفقود)، و(طريق مولهولاند)، و(مملكة الداخل).

في تلك الثلاثية ينفي لنش القوانين المعتادة للزمان والمكان، وينفي مفهوم وحدة الهوية، لصالح السيولة، والتغير الدائم، وعدم الاستقرار على حال، لكل من: الزمان والمكان والهوية. في (الطريق المفقود)، مثلاً: تتحول الشخصية الواحدة من: عازف ساكسفون اسمه فريد، إلى ميكانيكي سيارات يصغره كثيراً اسمه بيت. وتتحول زوجة الموسيقي (القتيلة) التي اسمها رينيه، إلى حبيبة الميكانيكي التي اسمها أليس. وبينما تلعب نفس الممثلة دوري البطولة النسائية، يلعب ممثلين مختلفين دوري البطولة الرجالية، وتستمر لعبة التحولات في الهويات على طول الفيلم، والذي يربطه شخصية غرائبية ليس لها اسم، ولكننا نعرف كنيته من تترات الفيلم: "الرجل الغامض".

أيضاً، في فيلم (طريق مولهولاند): يبدأ الفيلم بريتا التي تجلس في المقعد الخلفي لسيارة لموزين تسير عبر طريق مولهولاند في لوس آنجلوس، ثم نرى السائق يوجه مسدساً إلى رأسها، وتصطدم سيارة مسرعة بسيارتهما على النحو الذي تشتعل فيه السيارة، وُتقتل ريتا ـ على ما نفهم، لإن موتها الفعلي لا يظهر أبداً على الشاشة ـ. ثم نراها في اللقطة التالي تخرج من السيارة وكأنها تتعلم المشي للمرة الأولى، ونعرف أنها قد فقدت ذاكرتها، ثم تخوض فيما بعد رحلة تتعرف فيها على بيتي، التي تساعدها على البحث عن هويتها المنسية، وتتسمى مؤقتاً بـ(ريتا)، بعد أن التقطت الاسم من بوستر فيلم لريتا هيورات. وتتعقد رحلة البحث عن الهوية، على نحو تختلط فيه الهويات؛ فتسيل الحدود الفاصلة بين هوية ريتا مع هوية ممثلة سينمائية اسمها كاميلا، بينما تتداخل هوية بيتي مع هوية دايان عشيقة كاميلا والتي تنتحر لاحقاً في الفيلم.

أما في آخر أفلام الثلاثية (مملكة الداخل)، فيبدو لنا الفيلم كله وكأنه لعبة مرايا عظيمة: هناك الممثلة نيكي المُرشحة للقيام بدور شخصية اسمها سوزان في فيلم اسمه (نحو السماء في الغد الحزين). وقبل أن يتأكد حصولها على الدور، تزورها جارتها العرافة البولندية المسنة، وتتنبأ لها بأنها ستحصل فعلاً على الدور، وتحكي لها حكايتين مختلفتين (سنرى آثار هما وتوابعهما على طول الفيلم نفسه)، وبسبب ارتباك الجارة العجوز بشأن تاريخ اليوم، تنتقل الأحداث إلى المستقبل القريب، فنرى نيكي وهي تمثل دور سوزان في الفيلم الذي يتم تصويره، وتختلط هويتي نيكي وسوزان أثناء ذلك، وتختلط الأزمنة أيضاً ما بين الماضي والحاضر والمستقبل، على نحو ترى فيه نيكي نفسها وهي تقوم بأفعال لم تكن تعلم أنها هي من قامت بها، بل وتختلط الهويتان الاثنتين للممثلة بهوية ثالثة هي هوية عاهرة تظهر لاحقاً في أحداث الفيلم الذي هو داخل الفيلم، ثم تختلط الثلاث هويات السابقة بهوية أحد الأرانب

في عائلة الأرانب في المشهد المسرحي الغرائبي في الفيلم. ولا يقتصر الأمر على شخصية الممثلة التي تتعدد هوياتها خلال الفيلم الذي نشاهده، ولا خلال الفيلم الذي يتم تصويره داخل الفيلم، ولا خلال المسرحية التي هي داخل الفيلم الذي هو داخل الفيلم، فـ (مملكة الداخل) كله وبكل شخصياته عبارة عن متاهة كبيرة تختلط فيها هويات جميع الشخصيات، كما تتعدد انعكاسات الأحداث أيضاً، في لعبة مرايا جديرة بفنان عظيم. لكن مع التدقيق والمشاهدات المتكررة، يمكن التقاط ثلاثة خطوط رئيسية مستمرة معنا على طول الفيلم، يتم عكسها باستمرار خلال لعبة المرايا التي يلعبها لنش مع المُشاهد. هذه الخطوط الثلاثة هي: (١)ـ أطول مسرحية إذاعية في التاريخ (آكسون إن)، (٢)ـ العاهرة الصغيرة مجهولة الاسم التي تُسمى في تترات الفيلم "الفتاة الضائعة"؛ والتي تبكي باستمرار اثناء مشاهدتها لجهاز تليفزيون يُذيع مسرحية سيريالية لعائلة من الأرانب ، (٣)ـ تصوير نيكي للفيلم السينمائي الجديد؛ والذي هو صورة مكررة من الفيلم البولندي المشؤوم (نحو السماء في الغد الحزين)؛ الذي يُقتل أبطاله أثناء التمثيل بسبب لعنة غامضة مرتبطة بحبكة الفيلم نفسه.

هذا النوع من العوالم الكابوسية، هذه المملكة التي ينتفي فيها الإدراك المعتاد لمنطقية الظواهر، ولخطية الزمن وتراتبيته، ولثبات المكان وتماسكه، ووحدانية الذات في الشخصية عينها، تضع الثقافة العالمية الراهنة في مأزق لا تستطيع معه إلا أن تحكم على أفلام لنش حكماً سلبياً؛ حكماً بأنها لا تستحق المشاهدة، أو حتى غير قابلة للمشاهدة. والنقاد الغربيون الذين حاولوا إيجاد مفاتيح لفهم مملكة لنش اقتصرت محاولات معظمهم على التفسير الفانتازي أو الخيالي. وبتعبير تزيفتان تودوروف: الأحداث التي لا يمكن تفسيرها من خلال معرفتنا بالعالم المعتاد لنا، نميل إلى تفسيرها على أنها خيالات أو أوهام. أي أنها صور ذهنية غير حقيقية لا تحدث في العالم الإمبريقي وغير قابلة للاختبار؛ وكأنها صور تنبثق من اللاوعي.

لكن إذا سلمنا بهذه القراءة الأقرب إلى التفسير السيكولوجي (والسيكولوجيا سلاح ذو حدين، يتحمل الشيء وعكسه، كما يخبرنا المحامي فيتوكوفتش في مرافعته في نهاية "الأخوة كارامازوف" لدوستويفسكي)، نقول إذا سلمنا بالتفسير السيكولوجي لشخوص وعوالم لنش؛ أي أنها عوالم ذهنية لا تجري إلا في لاوعي شخصياته السيكوباتية، فكيف لنا أن نفسر، على سبيل المثال، أن الذات الواحدة تنقسم إلى ذاتين، ثم تعرف إحدى الذاتين معلومات ووقائع يستحيل عليها أن تعرفها لو اقتصر الأمر على أنها جزء فقط من اللاوعي؟! كيف لنا أن نفسر، مثلاً، أن ريتا في فيلم (طريق مولهولاند) تشاهد بأم عينيها عشيقتها دايان منتحرة بعد مقتل ريتا نفسها بعدة أسابيع؟! ولو كان صحيح أن الميكانيكي الشاب هو وهم متخيل في العقل اللاواعي للموسيقي المسجون بتهمة قتل زوجته في فيلم (الطريق المفقود)، فكيف نفسر أن جميع الشخوص الأخرى تراه وتتفاعل معه؟! لا، إن ما يحدث في أفلام لنش يحدث درامياً ضمن منطق "الحياة الفعلية"، وليس ضمن منطق التخيلات والأوهام، ولا كامتدادات فانتازية داخل عقل الشخصية. إن عالم لنش لا يمكن تفسيره بحق وفقاً للسيكولوجيا، بل إن النظام الفلسفي الغربي بأكمله، والقائم ـمنذ أفلاطونـ على ثنائية (الذات/الخارج)، لا يبدو قادراً على تقديم قراءة مقنعة لما يقوم به لنش في أفلامه.

متأثراً ربما بتأملاته الصوفية البوذية؛ لا يعتبر لنش العالم الظاهري المألوف لنا إلا مغالطة ووهم ينبغي نزع القناع الزائف عنه حتى تتكشف لنا الحقيقة؛ والتي هي موجودة دائماً، ولكنها تغيب عنا، لانغماسنا في تفاهات الوجود اليومي، تماماً كما يغيب السكر الذائب في الماء، فلا نراه، بالرغم من وجوده هناك. وإذا كان العالم الظاهري هو خدعة تمنعنا من رؤية الحقيقة، فينبغي إذن التخلص منه؛ أي التخلص من قوانين الزمان والمكان، ومن ثقل الجسد وحضوره الفيزيقي.

ولذلك يخوض الموسيقي في (الطريق المفقود) رحلة للبحث عن ذاته الحقة، كما تخوض ريتا في (طريق مولهولاند) رحلة لاكتشاف نفسها الضائعة، وهو أيضاً نفس مسعى الممثلة نيكي في (مملكة الداخل). ولا تخوض الشخوص في مملكة لنش رحلة البحث عن الذات إلا بعد أن تعصف بهم تجربة قاسية عنيفة. في (الطريق المفقود)؛ شكوك الموسيقي في سلوك زوجته هو بداية الرحلة للبحث عن الذات الحقة، والغيرة التي تشتعل في قلب الميكانيكي الشاب عندما تخبره عشيقة رجل المافيا بما يجبرها على القيام به من أفعال شبقية تحت تهديد السلاح، هو أيضاً بداية رحلته لاكتشاف الذات. وفي (طريق مولهولاند)؛ تصويب المسدس إلى ريتا في سيارتها ثم قتلها، هو أيضاً بداية رحلة بحثها عن نفسها. وفي (مملكة الداخل) تبدأ رحلة البحث عن الذات بالنسبة لنيكي في أعقاب خيانتها لزوجها؛ وهي المرأة المحافظة المتحفظة.

في هذا السياق، يمكننا أن نفهم ما جرى في لحظة معينة في بروفة التمثيل التي تجريها نيكي مع زميلها الممثل في (مملكة الداخل). فقبيل إقامة نيكي لعلاقة مع زميلها الممثل، تسمع دربكة غريبة في كواليس الديكور، وتكتشف فيما بعد أنها هي ذاتها التي سببتها وهي تتفرج على نفسها من وراء الكواليس بعد عدة أسابيع من البروفة نفسها؛ وكأن الإنسان هنا يفتح عينيه على الحقيقة المرة: أنه هو هو السبب. يماثل ذلك في فيلم (الطريق المفقود) الصوت الذي سمعه الموسيقي فريد في بداية الفيلم والذي يخبره بأن: "ديك لورنت قد مات"، والذي يتضح في نهاية الفيلم أنه صوته هو نفسه، تماماً مثل الصرخة الأنثوية التي سمعها (والتي أطلقها هو نفسه أيضاً) وهو يحكي لزوجته عن الكابوس الذي وافاه في حجرة نومهما؛ وكأن النفس هنا أيضاً تصبح هي نفسها أداة عذابها.

لا تبدأ رحلة البحث عن الذات إلا عبر التخلي أولاً عن المنطق الجاري المعتاد. ولذلك نجد النسيان حاضراً دائماً في أفلام لنش. في (الطريق المفقود) لا يتذكر الموسيقي الذي قتل زوجته أنه قتلها. وفي (طريق مولهولاند) تفقد ريتا ذاكرتها فلا تتذكر شيئاً عن حياتها الماضية. إن ما يبدو وكأنه فقد للهوية، وضياع لذاكرة ريتا، هو، على العكس، البداية للتعرف على الذات الحقة. الفقد هنا هو بداية الامتلاء. إن ريتا تتخلص من قناع زائف للذات، سعياً للعثور على ذاتها الحقيقية. ويلعب لنش هنا بعظمة على المفارقة: إن ريتا وصديقتها بيتي تبحثان عن هوية ريتا القديمة (الحقيقية كما تظنان، وكما يظن المُشاهد)، عبر البحث في التاريخ الشخصي السابق لريتا: أقربائها، معارفها، الأماكن التي اعتادت التردد عليها... إلخ، في حين أنه من المستحيل العثور على الذات (الحقة) لريتا بتلك الطريقة، لأن تلك الطريقة لن تقود إلا إلى هوية ميتة، تم التخلص منها بالفعل منذ البداية من أجل

القيام برحلة اكتشاف الذات، أي أنها لن تقود إلا إلى كاميلا التي قُتلت في بداية الفيلم على طريق مولهو لاند الذي هو طريق يصل بين تلال مدينة لوس آنجلوس (مدينة الملائكة) وبين ستوديوهات هوليوود (وكأنه طريق الآمال بالسعادة والتحقق). إذن المسعى الذي تقوم به ريتا وبيتي هو مسعى مستحيل، ولن يقود إلا إلى طريق مسدود (كما يقود طريق مولهو لاند نفسه إلى أبواب هوليوود المغلقة في وجه الآملين)؛ إنه طريق مستحيل، كما كان الطريق إلى القصر في رواية كافكا مستحيلاً على (ك).

ولكن من هو الإنسان الذي وصل إلى حالة من معرفة الذات الحقة، ولم يعد يعاني من الانقسامات الثنائية في الشخصية؟! إن هناك دلائل كثيرة تشير إلى أن صورة ذلك الإنسان قد تم التعبير عنها في شخصيات "فوق طبيعية"؛ إنسان حقق تعاليه، ونجح في رحلته، ووصل إلى هدف زرادشت. من أبرز تلك الشخصيات في أفلامه شخصية "الرجل الغامض" في (الطريق المفقود)، وأيضاً، وبتنويعة مختلفة قليلاً، شخصية "الوحش المتشرد" في (طريق مولهو لاند). فالرجل الغامض مثلاً، هو صلة الوصل ما بين الموسيقي والميكانيكي الشاب من ناحية، وما يقوله لأحدهما يقوله للآخر بنفس النص: "لقد تقابلنا من قبل، ألا تتذكر؟!... في منزلك نفسه!". والرجل الغامض هو الوحيد في الفيلم الذي لا يعاني من الانقسامات الثنائية في الشخصية، وهو نفسه الذي يراقب بدم بارد تجمع كل الشخصيات المنقسمة على نفسها، والتي تجتمع قرب نهاية الفيلم في فندق الطريق المفقود، بل إنه يساعد الموسيقي في قتل غريمه رجل المافيا في المواجهة بينهما في آخر الفيلم؛ وكأن الذات هنا تنتقم من الشر بعد تعذر خلاصها، أو كأن لنش يقول إن القضاء على الانقسامات الثنائية داخل النفس البشرية والعثور على هويتها الحقة يتطلب فعلاً عنيفاً؛ فعلاً عنيفاً لابد له من مساعدة خارجية من ذات أخرى عرفت الطريق وعثرت على هويتها.

وعلى ذلك تكون مملكة لنش أقرب إلى رؤية شوبنهاور منها إلى رؤية نيتشه. فقوى الشر التي تحتويها النفس البشرية لا يعتبرها لنش انعكاساً لأكثر الجوانب الإبداعية والبطولية في النفس الإنسانية، بقدر ما هي تعبير عن الحلقة الدائرية المفرغة للألم والمعاناة التي تدور فيها تلك النفس؛ والتي قد تنجح في إخفاء الشر الذي تحمله بداخلها، دون أن تنجح في التخلص من هذا الشر؛ لإن صفة "الرشد" تنتفي من الإرادة الإنسانية، على عكس رؤية كانط وهيجل لرشدية وعقلانية الإرادة البشرية. هناك مقولة مهمة تعبر عن قناعة لنش بشأن الإنسان والعالم، ترد في فيلم (وحش في الأعماق)، تقول: "العالم ما هو إلا وحش في أعماقه، حتى وإن بدا مجنوناً على السطح". هذه الثنائية سنجدها مبثوثة في كل أفلامه من أولها لآخرها: التوحش في الباطن، والجنون في الظاهر؛ ذلك الجنون الذي هو ربما البديل عن الانتحار الذي تكلم عنه دوستويفسكي وسماه "الانتحار المنطقي" (وعبر عنه أعظم تعبير في شخصية كيريلوف في روايته "الشياطين")، ثم نيتشه من بعده، ثم ألبير كامو من بعدهما؛ ذلك الانتحار (والجنون في حالة لنش) الذي يصبح حتمياً لدى الإنسان الصادق إذا ما اكتشف حقيقة الوجود العبثية.

من المهم ملاحظة أنه كلما تعمقت الشخصية في رحلة البحث عن الذات، أمعن لنش في تكسير المنطق العادي، وقوانين الزمان والمكان، رابطاً ربطاً طردياً ما بين نجاح البحث

عن الذات وبين رفض العالم الظاهري وقوانينه المنطقية والموضوعية؛ وكأن ذلك هو الطريق الوحيد الذي يمكن عبره الوصول إلى المعرفة الحقة. وكأن الحقيقة الكبرى في مملكة لنش هي: دوام التحولات، وزيف الثبات، وأن الوهم والمغالطات والتشوهات إنما تنشأ من رفض الإنسان الاعتراف بذلك، ومحاولته إضفاء ما يظن أنه الوحدة والعقلانية والموضوعية على الوجود. إن الطريق الوحيد الصحيح في مملكة لنش هو الطريق الرافض لوحدة الوجود، فالذات مكونة من شظايا لعدة ذوات، ولكنها ليست حاصل جمع هذه الذوات في ذات واحدة: هل السيارة هي المحرك فقط؟! أم هي العجلات؟! أم هي صندوق التروس؟! أم هي مقود القيادة؟! من المؤكد أن السيارة ليست شيئاً واحداً فقط من تلك الأجزاء المختلفة. لكن في مملكة لنش، لا يُشكل أيضاً مجموع هذه الأجزاء السيارة نفسها. إن السيارة في مملكة لنش هي شيء مختلف عن مجموع أجزاءها؛ ربما كانت صوتاً فقط، وربما لم توجد يوماً بوصفها ذاتاً مستقلة.

ومن هنا نفهم السيولة الكبيرة والتحولات في الهويات وعوالم المرايا في مملكة لنش: من الموسيقي إلى الميكانيكي إلى الموسيقي، ومن الزوجة إلى أليس في (الطريق المفقود)، من كاميلا إلى ريتا إلى كاميلا، ومن دايان إلى بيتي إلى دايان في (طريق مولهولاند)، ومن نيكي إلى سوزان إلى العاهرة إلى الأرنبة في (مملكة الداخل): إنها تجليات لصور متنوعة، معكوسة من خلال مرايا تعكس شظايا الذات التي تخوض رحلة محكوم عليها بالفشل للعثور على نفسها؛ رحلة لن تزيد الظلمات إلا كثافة.

وهكذا ينتفي المنطق من مملكة لنش، والتي تتأسس على الإيمان بأن الإنسان يخدع نفسه بمحاولة فرض المنطقية على العشوائية والعبثية سعياً نحو نوع من الإحساس بالنظام في ظل الفوضى التي تغلف الوجود بأكمله. حتى أنه يكثف في أفلامه هذه العبثية وتلك الفوضى بأن يعمل على خلق مزيد من التشويه، ومزيد من التلاعب بالواقع، ومزيد من التناقضات المنطقية، والمغالطات الحوارية، في منطق كابوسي يربك المُشاهد إلى الدرجة التي لا يمكنه معها الانزعاج من التحولات الحادة في الشخصيات، ولا من قطع التسلسل في الحبكة. إن طريقة لنش في استدعاء منطق الكوابيس، وتشويه الواقع، هي طريقة الفنان السريالي الذي يقوم بتسييل الفواصل بين عالمي الحلم والواقع، للوصول إلى الحقائق الكبرى للعالم والوجود، تلك الحقائق التي ربما تختفي تحت السطح المخادع للواقع اليومي. إن ما يفعله لنش يشبه ما يقوم به المصور السريالي من استخدام منظورات مشوهة، وتلاعب ببعدي الطول والعرض (الزمان والمكان في حالة لنش)، من أجل التعبير عن البعد الثالث (الذات الحقيقية عند لنش) المختفي عن نظر الإنسان المشغول بتفاهات الصراع اليومي. إن مراياه تعكس صورة العالم، ولكنها ليست مرايا مستوية، إنها مرايا محدبة ومقعرة؛ لا تشوه من أجل التشويه، بل من أجل الكشف: كشف جوهر الإنسان، وحقيقة الوجود.

<u>فيلموجرافيا:</u>

ولد ديفيد لنش في ولاية مونتانا بالولايات المتحدة الأمريكية عام 1946. وبالإضافة إلى عرض لوحاته التشكيلية في أنحاء كثيرة من العالم، وابتكاره لنوع خاص من القهوة

يحمل اسمه، وقيامه بحملات للتبرع لصالح نوع معين من الرياضات الصوفية البوذية، وتأليفه لمناهج دراسية في المدارس الابتدائية الأمريكية تحفز التأمل عند الأطفال، فقد قام أيضاً بصنع عدد من الأفلام القصيرة، وأفلام الكرتون، والأفلام التسجيلية، وأصدر عدة ألبومات موسيقية، وقام بتصميم الديكورات الداخلية لبعض المطاعم ونوادي الديسكو في فرنسا وأمريكا، وأخرج عدد من الإعلانات التجارية، وأغاني الفيديو ـ كليب. وبالإضافة إلى ذلك صنع أيضاً أربعة مسلسلات تليفزيونية أهمها: (مدينة توينز بيك، 1990-1991).

صنع ديفيد لنش حتى الآن 10 أفلام روائية طويلة:

1- الرأس الماحية، 1976.

2- الرجل الفيل، 1980.

3- كوكب ديون، 1984.

4- المخمل الأزرق، 1986.

5- وحش في الأعماق، 1990.

6- مدينة توينز بيك: سيري معي أيتها النيران، 1992.

7- الطريق المفقود، 1997.

8- حكاية ستريت، 1999.

9- طريق مولاهولاند، 2001.

10- إمبراطورية الداخل، 2006.

مايكل أنجلو أنطونيوني.. ظاهريات الغياب

يبني أنطونيوني أفلامه على شكل "رحلة"، وغالباً ما تكون دائرية، تعود بالبطل إلى حيث بدأ، ولا تكون الرحلة في المكان فقط، بقدر ما تكون أساساً في الروح؛ رحلة رجاء نحو السعادة المفقودة، والبعث من جديد. لكن الرحلة لا تنتهي إلا إلى الإحباط والخيبة والفشل، واكتشاف استحالة الفردوس الأرضي، ويدفع هذا الاكتشاف بالبطل إلى الموت؛ سواء على يد غيره، أو بيده هو شخصياً.

رحلة بطل أنطونيوني قد تكون رحلة داخل المدينة (الليل، الخسوف، تكبير صورة، تعريف امرأة)، أو في الضواحي (قصة حب، الصرخة، الصحراء الحمراء)، أو في الخلاء والطبيعة (المغامرة، نقطة زابريسكي)، وفي كل الأحوال يستخدم أنطونيوني المناظر الخارجية للتعبير عن الحالة النفسية للبطل. إن اندفاع أبخرة الضغط الكثيف للمصنع في بداية (الصحراء الحمراء) هو صورة خارجية لانفعالات داخلية تحدث في نفس ريتشارد هاريس، كما أن الضباب في المشهد الذي يعقب مشهد الكوخ؛ حيث تنغمس المجموعة في لهو شبقي، هو انعكاس لحالة الضباب الداخلي في نفس مونيكا فيتي، وكما كان الضباب على الطريق أيضاً هو انعكاس للحالة النفسية لبطل (تعريف امرأة).

إن استخدام أنطونيوني للمناظر الخارجية لا يهدف إلى تسجيل الواقع، بل للكشف عن ما يعتمل في نفس البطل، إنه يستجوب العالم والأشياء، ولكن ليس على طريقة السينما التسجيلية، بل على طريقة الفيلسوف الذي يتأمل الحياة الداخلية للإنسان، ولذلك تأتي الصورة عنده تعبيراً جمالياً عن الحياة الداخلية للشخصية، أكثر من كونها انعكاساً لقواعد الدراما الكلاسيكية. من هذا المنطلق، يمكن أن نقرأ افتتاحية فيلم (الخسوف)، على سبيل المثال.

يبدأ الفيلم بمجموعة لقطات تفصيلية لا تكشف إلا أجزاءً صغيرة فقط من المكان الذي يدور فيه الحدث، ولن يقدم لنا أنطونيوني زاوية رؤية واضحة وشاملة للغرفة التي يتم فيها الانفصال بين الحبيبين إلا بعد سبع دقائق كاملة من بداية المشهد. إن بطلة الفيلم فيتوريا هنا تشعر بالانفصال التام عن شريكها ريكاردو، وهي تدور تلمس الأشياء والإكسوارات في الغرفة؛ في محاولة لإقامة صلة مع العالم المادي، بعد شعورها بالنفور من العالم الإنساني. لكنها هي نفسها لا تعلم إن كانت لا تزال تحب ريكاردو أم لا، ولا تعلم متى انتابتها حالة النفور تلك.

تشمل التناقضات البصرية كل شيء في هذا المشهد، تعبيراً عن حالة التشوش التي تمر بها البطلة. التناقض في الصورة بين مناطق الإضاءة والعتمة، ملابس فيتوريا السوداء المقابلة لقميص ريكاردو الأبيض، حركتها الهائمة على وجهها في مقابل سكون ريكاردو، وقوفها وحدها أمام المرآة التي تقسمها لنصفين (كما سيقف لاحقاً جاك نيكلسون أمام المرايا التي ستقسمه في "المهنة مراسل")، برودة مشاعرها المناقضة للخوف الذي ينتاب ريكاردو من قرارها بالانفصال، بل والمناقضة أيضاً للوحات التجريدية على الجدران التي تصرخ

بأشكال وتكوينات عنيفة. الإكسوارات في الغرفة هي أيضاً في حالة تناقض: الأشكال الهرمية للتماثيل تتناقض مع الشكل الدائري لمروحة المكتب، المنحوتات الحديثة ـ الأشبه بأعمال هنري مور ـ تتناقض مع نفايات السجائر في المنافض، حتى أرضية الغرفة المصقولة، تعكس صورة فيتوريا، وكأنها مزدوجة الوجود. إن أنطونيوني يستغل كل شيء للتعبير بصرياً عن حالة التشوش والالتباس التي تنتاب مشاعر فيتوريا تجاه ريكاردو، وتجاه العالم بأسره.

حين تفتح فيتوريا الستارة العريضة لنافذة الغرفة، ترى صورة الأشجار التي تناقض ما بداخل الغرفة من صمت وأعقاب سجائر وفن تجريدي مقبض، لكنها ترى أيضاً برجاً طويلاً يشبه سحابة المشروم التي تُخلفها التفجيرات النووية؛ وكأن هذا البرج المادي؛ بصمته وبرودته، هو التعبير عن العنف الكامن في المشهد، وكأنه انعكاس لحالة الخراب النفسي للشخوص، وكأننا نسمع هنا مقولة إيميل سيوران: "الإنسانُ يسيلُ خراباً". سنلاحظ تكرار الأشكال البرجية التي تعبر عن الخراب الأبدي في أفلام أنطونيوني؛ من قبيل وقوف بطلة (نقطة زابريسكي) في الصحراء لتتفرج على سحابة التفجير التي تشبه برج سحابة المشروم، وكمثل برج المصنع الضخم الذي تتصاعد منه أبخرة الغاز الكثيفة في (الصحراء الحمراء)، الذي يهيمن على الصورة وعلى مونيكا فيتي وابنها الصغير في عدد من مشاهد الفيلم.

إضافة إلى الالتباس والغموض واللايقين الذين هم أهم أبطال الوجود عند أنطونيوني، فإن الصمت يأتي في المرتبة الثانية. لكن صمت بطل أنطونيوني ليس هو نفسه صمت أكيفوسا بطل قصة (الصمت) لياسوناري كاواباتا؛ ذلك الكاتب المريض الذي أوغل في العمر، وكفَّ عن الكلام، وعن الكتابة، وأسلم عنانه للصمت في وحشة أيامه الأخيرة، غارقاً في اللاشيء، والفراغ، والعدم، حتى أنه هو نفسه، وماضيه، وذاكرته، يصبحون نهباً مشاعاً لابنته توميكو، التي ترغب في إعادة كتابة تاريخ أبيها وفقاً لوجهة نظرها هي.

لا، إن كان الصمت عند أنطونيوني فقداً، فهو فقد بهدف الامتلاء. إن مساحات الصمت الممتدة في أفلامه تبدو وكأنها محاولة لمحو كل شيء من وعي البطل، وكأنها محاولة للنسيان لإفساح مجال بكر أمام الأمور البكرة، وهو ما يُذكرنا بأجمل أفلام المخرج الفنلندي الكبير آكي كورسماكي (إنسان بلا ماض، 2002)؛ حين يفقد البطل في بداية الفيلم ذاكرته، لكنه لا يحاول معرفة ماضيه ولا البحث عنه (على عكس بطل رواية "شارع الحوانيت المعتمة" لباتريك موديانو، على سبيل المثال)، بل يتطلع إلى الأمام، ويمارس حياته كأنه قد بُعث من جديد، بذات جديدة. إن أنطونيوني، بالمثل، لا يُعامل النسيان بوصفه ملكة سلبية، ولا يستعمله كناية عن طاقة مُعطِّلة، بل كقدرة فاعلة، وطاقة لمقاومة القوى المعاكسة التي تقف أمام تطلعات البطل. ولذلك يعمل النسيان عنده وكأنه جهاز للمحافظة على صفاء البطل، وإباءه، واستمتاعه باللحظة الآنية أثناء رحلته.

من الأمثلة الشهيرة على النسيان عند بطل أنطونيوني: نسيان ساندرو لهدف البحث عن حبيبته المختفية في (المغامرة)، واستغراقه في الطريق، حتى يضيع الهدف، ويصبح الطريق نفسه هو الهدف. إن النسيان هنا يبدو كما لو كان نتيجة لمرض أو خلل عقلي

طارئ أصاب ساندرو في بداية زمن الفيلم. لذلك نلاحظ أن ساندرو يستجيب لنفسه أثناء الرحلة بوصفه "حاضراً"، لا بوصفه "مستقبلاً"، أي دون اضطرار لتقدير عواقب أفعاله، فينغمس في اللهو مع كلاوديا صديقة حبيبته المفقودة، دون أن يحمل هم استشراف ما يخبئه المستقبل، ودون حرص على أن تكون تصرفاته "نظامية" تُرضي من حوله، وكأن ساندرو يتحول أثناء رحلته ليصبح إنساناً "بلا مسؤولية". إن بطل أنطونيوني يضرب في الإنجاز الكبير الذي اشتغل من أجله الإنسان على ذاته منذ فجر التاريخ؛ ألا و هو: المسؤولية، وما ينبثق عنها من "ضمير" يجعل الإنسان مُقدراً للعواقب. إن أنطونيوني يستخدم النسيان في بداية كل رحلة في أفلامه، وكأنه جهاز لتعطيل الحس بالمسؤولية، وتابعها الضمير.

وتماماً مثل ساندرو في (المغامرة)، وآلدو في (الصرخة)، وتوماس في (تكبير صورة)، والشاب الثوري في (نقطة زابريسكي)، وجاك نيكلسون في (المهنة مراسل)، فإن تحرر بطل أنطونيوني أثناء رحلته من الشعور بالمسؤولية، ومن فكرة الضمير، يجعله رشيقاً خفيف الحركة، لأنه قد تخلص من الذاكرة التاريخية الطويلة لتطور أشكال المسؤولية والضمير، وكأنه هنا ينبذ "العقل الحديث" بأكمله، المسؤول عن الرصانة، والتحكم في العواطف والغرائز لدى الإنسان المعاصر، ذلك الذي كلف الإنسان ثمناً غالياً حتى يصل إليه.

لقد لجأ الإنسان إلى أفظع الوسائل حتى يتزود بذاكرة تجعله سيد غرائزه؛ وسائل تشمل مختلف أنواع العقوبات والتعذيب والتنكيل، بغية الوصول إلى مجموعة من الـ (لا يجوز) والـ (ممنوع)، والتي بدونها يفقد الإنسان امتيازات العيش ضمن مجتمع الجماعة وفوائده. إن الوصول للتحكم بالعواطف، والرصانة، وطقوس التهذيب، والعقل الحديث بأكمله، قد كلف الإنسان ثمناً غالياً من الدماء والرعب والفظاعة، التي طبعت بالحديد المُحمَّى على ذاكرته تلك النواهي التي يجب أن لا يقترفها. ومن هنا يأتي "الإحساس بالذنب" و "تعذيب الضمير" في حال خرق تلك النواهي، وعند تجاوز تلك الحدود التي تم تثبيتها في الذاكرة الإنسانية.

فالمرء حين يعيش بين جماعة، يتمتع بما توفره له هذه الجماعة من منافع ومزايا: فهو يتمتع بحمايتها، ناعماً بالسلم والطمأنينة، بعيداً عن البلايا التي يتعرض لها من يظل خارجها، شرط أن يتعهد بالطاعة والمسؤولية والانضباط. أما إذا حدث وخرق الإنسان العهد الذي قطعه على نفسه تجاه الجماعة، فهو لا يُحرم فقط من كل تلك المنافع، بل يصبح عرضة لغضب الجماعة أيضاً، ويناله عقاب العدو المكروه، فاقداً لا فقط حق الحماية، بل حق الشفقة أيضاً (وهذه هي الحالة المتطرفة عند بطل أنطونيوني، والتي نجدها في: نقطة زابريسكي، والمهنة مراسل).

إن محاولة بطل أنطونيوني نسيان العقل الحديث أثناء الرحلة، والتشبه بإنسان ما قبل التاريخ، ما قبل المسؤولية، تجعله كمن يعتمد مقاييس الأزمنة القديمة البعيدة؛ حين كان الإنسان لا يحمر خجلاً من عواطفه وغرائزه (نتذكر هنا مشهد انغماس مونيكا فيتي في الرقص البدائي في شقة صديقتها في "المغامرة"، وأيضاً انغماس الفتى الثوري الهارب وصديقته في اللهو مع العرايا في الصحراء في "نقطة زابريسكي"). وكأن الذاكرة الوحيدة التي بقيت لبطل أنطونيوني، هي فقط أيام تذكر بدائيته الأولى، والتي فجرتها الحادثة المعنية

في بداية الفيلم/الرحلة، ولذلك يحن بطل أنطونيوني إلى الخلاء والصحراء (المغامرة، نقطة زابريسكي، الصحراء الحمراء، المهنة مراسل)، بل حتى أننا نلمس ذلك الحنين في العودة المتكررة لتوماس إلى الحديقة التي توجد بها الجثة في (تكبير صورة)، وكأنه يحاول أن يطارد في الطبيعة ماضيه البدائي، بغية العثور على حقل مليئ بالمغامرات، وحديقة زاخرة بالمتع.

ورغم ذلك، وكما لو كان بسبب نوع من الغريزة اللاوعية والمتبصرة في آن واحد، يدرك بطل أنطونيوني مخاطر الخروج الكامل عن المجتمع، فلا يخاطر أثناء رحلته بإعلان العصيان التام (إلا في الحالات المتطرفة، وتكون النتيجة كارثية: نقطة زابريسكي، والمهنة مراسل)، بل يظل يحوم على التخوم والمحيط والهوامش، فتأتي مواقفه سلبية، وأفعاله مجرد ردود أفعال انعكاسية، لا إيجابية بناءة فاعلة. وكأن هناك قوى ما ملتوية داخل البطل، قوى كابحة تعمل على وقف طغيان الأهواء الحيوية العنيفة، حتى لا يخرج البطل عن المجتمع خروجاً كاملاً، وحتى يتم وضع حد لاستشاطة الطاقة الرومانية بداخله. أحياناً يتم ذلك بانتزاع موضوع الرحلة من أيدي البطل (اختفاء الجثة، ثم صورها الفوتوغرافية، في " تكبير صورة")، أو تتولى هذه القوى التقليدية بنفسها إعلان الحرب السافرة على الروح البدائية بداخل البطل (نقطة زابريسكي)، أو باستنباط تسويات وسطية تدجينية (الليل، الصحراء الحمراء)، أو في القليل النادر، وحينما تكون الرغبة والقوة والتصميم عند البطل في أشدها، يتم منح تعويض مكافئ للبطل، لكنه زائف في نفس الوقت، بغرض إنهاء المسألة بإحالة المغامرة والرحلة إلى قرين زائف للرغبة (تعريف امرأة).

ملمح آخر نلحظه في رحلة بطل أنطونيوني؛ أنها أشبه بـ "الحلم"؛ حلم يلفقه الذهن، لأنها تفتقد إلى الفعل الأصيل؛ فعل التغيير؛ حلم يبدأ مع شعور البطل بالتحرر من الماضي، ومن الذاكرة، ومن الديون التي تقع على عاتقه للأسلاف (نقطة زابريسكي، المهنة مراسل). لكن ما أبعد الحلم عن الواقع! إن بطل أنطونيوني، بحلمه، يضع قدمه في حقل لا يستطيع اجتيازه إلا من كان أصلب منه إرادة، إن رحلته ليست قفزة إلى الأمام، بقدر ما هي قفزة إلى الأمام وسقطة إلى الأسفل في نفس الوقت. والسقطة تحدث لأنه يرضى بردود الأفعال الانعكاسية، فهو لديه الطموح اللازم لكي يُبعث من جديد، لكنه لا يتمتع بالقوة الكافية لدفع الثمن الكامل لتحقيق ذلك؛ ثمن الفعل الأصيل لتحقيق مثل أعلى جديد. ولأن رحلته "الحُلمية" تفتقد إلى الفعل، تسفر حالة اليقظة التي تعقبها، عن ردة معاكسة لاتجاه الحلم، فيغوص البطل في خضم الضباب المتشائم للواقع، ويدرك الاستحالة الفولاذية لتحقيق أمله في ولادة ثانية، فتجتاحه التعاسة المريرة عندما يرى نفسه على حقيقتها؛ يرى ضعفه، والدودة العملاقة الكامنة في أعماقه، ويدرك الهوة الرهيبة بين الواقع وبين الحلم المثالي. إن الحلم ينقلب في النهاية على الحالم، فيفقد الوجود بالنسبة له عناء أن يُعاش، ويتمكن منه نقيض الحلم؛ أي اليأس، وينتشر بداخله طولاً وعرضاً وعمقاً، فيُصاب إما باليأس المفرط (المغامرة، الليل، الخسوف، الصحراء الحمراء)، أو يتوق إلى العدم والموت (الصديقات، الصرخة، المهنة مراسل)، أو يتقوقع برعب على فرديته ويتظاهر بالاندماج في الممارسات التدجينية للمجتمع (تكبير صورة).

في مشهد النهاية في فيلم (تكبير صورة)، وعندما يفشل توماس في حل لغز الجريمة، وتختفي جثة القتيلة من الحديقة، ثم الصور الفوتوغرافية التي التقطها لها، وتضيع كل استقصاءاته وتحرياته هباءً، يشارك أخيراً في مباراة تنس وهمية، مع مجموعة من ممثلي البانتومايم، الذين يؤدون حركات إيمائية وكأنهم يلعبون مباراة تنس حقيقية. إن بطل أنطونيوني يفيق من الحلم، وحين يفيق يرى الواقع، ولأنه يدرك استحالة إيجاد توافق بين الحلم والواقع المُفزع، يحاول خلق حلم آخر جديد، يحاول خلق مثالية زائفة، فيستسلم لتصورات غريبة عجيبة، مضادة للطبيعة والواقع والحواس، يستسلم لسيل من الهذيان، وكأن دماغه قد أصابها خلل، فيُخضع الواقع للافتراء والتنكر والكذب، ويُشيد لنفسه مثالاً سلبياً مضاداً للحواس والغرائز.

ومن هنا يمكن فهم حركات الكاميرا "السحرية" التي نراها على وجه الخصوص في نهايات أفلام أنطونيوني؛ من قبيل اللقطة الطويلة المستحيلة في ختام (المهنة مراسل)؛ والتي تطلبت بناء ديكور الفندق بأكمله على نحو يمكن معه شقه إلى نصفين، لتتمكن الكاميرا والعربة التي تحملها من الخروج والالتفاف حول الديكور. إن ما يبدو أنه غرام لأنطونيوني بحركات مستحيلة للكاميرا؛ والتي تتطلب تقنية سينمائية عالية، وخيالاً شديد الإبداع، لا يمكننا اعتباره غراماً بالتقنية وبالخيال في حد ذاتهما، ولا غراماً للساحر بأدواته؛ كحال هيتشكوك مثلاً؛ الذي كان على استعداد لبناء دراما كاملة، حباً في تجريب تقنية سينمائية جديدة واتت خياله.

لا، إن كل شيء عند أنطونيوني هو خادم للتعبير عن الحالة الداخلية للبطل؛ ينطبق ذلك على كل العناصر البصرية والسردية في الفيلم: أسلوب السرد، بناء الفيلم، الديكورات الداخلية، المناظر الخارجية، الملابس والإكسسوارات، الألوان، أحجام وزوايا اللقطات، شريط الصوت، المونتاج. ومن ثم فإن حركات الكاميرا المستحيلة عنده، هي أيضاً خادم للدراما الداخلية للبطل؛ إنها كناية عن الأحلام الخيالية التي تجتاح البطل في النهاية؛ إنها كناية عن الانفصال عن الطبيعي والواقعي والحقيقي. إن حركات الكاميرا تلك، بما تتضمنه من "تضليل" و"خداع" مشهور بهما أنطونيوني في حركات كاميرته السحرية، هي المكافئ للعبة التضليل والخداع التي يمارسها الذهن على نفسه بنفسه، لكي يواصل العيش، آملاً في يوتوبيا تُضفي سمة الاستمرارية والانسجام على الأمور غير المنسجمة.

في نهاية الرحلة، يعود البطل إلى حالة الحيرة وخيبة الأمل والحزن، التي كان عليها قبل بداية رحلته، ويصبح كالحيوان المائي الذي يضطر إما إلى التكيف مع حياة اليابسة، وإما إلى الموت. في بعض الأحيان (الليل، الخسوف، الصحراء الحمراء، تكبير صورة) يرضخ البطل، كما يرضخ الإنسان لمرض من الأمراض؛ أي دون مناهضة ولا تمرد، ويتم في النهاية ترويضه، دون أن يعني ذلك أنه قد أصبح إنساناً أفضل. وفي أحيان أخرى، يُفضل بطل أنطونيوني الموت؛ لأنه لا يملك القوة العقلية ولا النفسية اللازمة للبقاء في صحراء النفس الخالية من الماء ومن المأوى، فيلجأ إلى الانتحار، وكأن "نفسه" أقسى من أن يتحملها (الصديقات، الصرخة). يستطيع المرء أن يدرك الآن لماذا تخلو أفلام أنطونيوني من تلك السخرية، التي تميز مثلاً أفلام هيتشكوك؛ حيث هروب البطل يجر معه الكثير

من المفارقات الساخرة. إن مطاردة بطل أنطونيوني للرجاء، للأمل، للبعث من جديد، من المواضيع التي لا تحتمل السخرية، كما لا تحتمل السخرية ساعة إصدار المحكمة لحكمها على إنسان ضائع.

نغتنم الفرصة هنا لنشير إلى أن بطل أنطونيوني، على عكس بطل هيتشكوك؛ مُطارِد لا مُطارَد؛ إنه يهرب إلى الأمام مطارداً الحقيقة؛ حقيقة نفسه أولاً، لا حقيقة العالم، لأن العالم لا يهمه كثيراً، على عكس أبطال دوستويفسكي مثلاً؛ الذين يعاملون هموم العالم والوجود كهموم شخصية ذاتية، قد تدفع بعضهم حد الانتحار. لا، إن بطل أنطونيوني لا يمكن أن يموت من أجل التفكير في الكينونة والوجود، لأن ما يؤرقه هو وجوده الخاص والشخصي والمادي، لا الأفكار عن الوجود. وربما لهذا السبب يسود البرود العلاقات بين الشخصيات، على عكس فورات الانفعالات الخارجية الواضحة والعنيفة لدى دوستويفسكي، وتصبح البنى الذهنية للشخصيات هي الحاكمة في مملكة أنطونيوني الزاخرة بالانفعالات الداخلية المكبوتة والمشوشة والملتبسة.

تبدأ رحلة بطل أنطونيوني (الحُلمية) بعد إصابة البطل بما يشبه الخلل في الدماغ، وتنتهي وقد أصابه أيضاً خلل في الدماغ، لكن الخلل الأول يكون كناية عن بدايات صحة وقوة؛ مرض من نوع الحَمْل؛ وكأنه شعور طاغ بالحاجة إلى تدارك سنوات الطاعة بأيام تمرد. في حين تكون النهايات كناية عن المرض بمعنى الموت. وكأن الرحلة كانت هلوسة من تلك الهلوسات التي تسبق الموت؛ وكأنها أشبه بوقدة أخيرة للروح، تذكيها قوة وقدات ما قبل الموت، ولكنها تذكيها لوقت قصير جداً؛ كالنار تشتعل ثم تنطفئ.

ولذلك فإن الثبات هو الأصل عند أنطونيوني، والحركة هي الفرع؛ هي الاستثناء الذي يأتي وكأنه رثاء للثبات. إن الثقل الممنوح لمنطق الصور الفوتوغرافية في سينما أنطونيوني، لمنطق الثبات والصمت والجمود، يأتي وكأنه كناية عن مؤقتية رحلة البطل الحُلمية، وتتنبؤ بمدى قدرة القوى المضادة على كبح جماح رحلة الأمل. إن مساحات الفراغ في أفلام أنطونيوني؛ مثل تلك التي نجدها في الجزيرة البركانية في (المغامرة)، وفي المصنع والضواحي في (الصحراء الحمراء)، وفي الحديقة وستديو التصوير في (تكبير صورة)، وفي الصحراء في (نقطة زابريسكي، والمهنة مراسل)، وفي الطريق الضبابي والديكورات الداخلية وبحيرات اللاجون الممتدة في (تعريف امرأة)، تذكرنا باستبداد مساحات الفراغ عند فناني السينما العظماء؛ وكأنها كناية عن الخواء والعدم، كناية عن هشاشة الوجود الإنساني ومؤقتيته، وأن الثابت والباقي والأبدي في نهاية الرحلة هو الخضوع والهزيمة والموت.

<u>فيلموجرافيا:</u>

ولد مايكل أنجلو أنطونيوني في فيرارا بإيطاليا عام 1912. درس الاقتصاد في جامعة بولونيا، وعمل بعد تخرجه في مجال البنوك لفترة قصيرة، قبل أن ينخرط في كتابة النقد السينمائي، وترجمة الأدب الفرنسي إلى الإيطالية، وكتابة السيناريوهات التسجيلية، والعمل مساعداً للإخراج في بعض الأفلام (منها فيلم: "زائرو المساء"، لمارسيل كارنيه، 1942). بدأ العمل منذ عام 1943 في إخراج بعض الأفلام التسجيلية، وأتيحت له الفرصة في عام 1950

لصنع أول فيلم روائي طويل، واستمر في صنع الأفلام الروائية والتسجيلية في إيطاليا، وبريطانيا، والولايات المتحدة الأمريكية، حتى عام 2004. يُعد أحد أهم رموز الحداثة في السينما العالمية. توفي في روما عام 2007.

من أبرز الأفلام التي صنعها:

10- قصة حب، 1950.

11- المَهزومون، 1952.

12- السيدة بدون أزهار الكاميليا، 1953.

13- الصديقات، 1955.

14- الصرخة، 1956.

15- المغامرة، 1960.

16- الليل، 1961.

17- الخسوف، 1962.

18- الصحراء الحمراء، 1964.

19- تكبير صورة، 1966.

20- نقطة زابريسكي، 1969.

21- الصين (تسجيلي)، 1972.

22- المهنة مراسل، 1974.

23- لغز أوبروالد، 1980.

24- تعريف امرأة، 1982.

25- ما وراء السحاب، (إخراج مشترك مع: فيم فيندرز)، 1995.

26- جزء من الفيلم المشترك (إيروس)، مع: وانج كار واي، وستيفن سوديربرج، 2004.

جان بيير ملفيل.. أزهار الشر

تبدو أفلام العصابات للمخرج الفرنسي جان بيير ملفيل، والتي تجري أحداثها في فرنسا في عقدي الستينات والسبعينات من القرن الماضي، كما لو كانت أفلاماً للعصابات الأمريكية في سينما الثلاثينات والأربعينات: السيارات الأمريكية الفارهة، ديكورات مراكز الشرطة، أكشاك التليفون العامة، الملاهي الليلية، الراقصات بأزيائهن الأربعينية، عازفي البلوز السود، المسدسات سداسية الطلقات، وملابس رجال العصابات الأمريكية في نفس الفترة: المعاطف الواقية من المطر، والقبعات عريضة الحواف.

وهذا التشابه صحيح ولاشك، لكن المُشاهد البصير يلاحظ أيضاً تماهي أفلام ملفيل مع أفلام الويسترن ورعاة البقر، ليس فقط في ما يتعلق بالمواجهات الأخيرة بين البطل المجرم وبين بقية أفراد العصابة، ولكن الأهم في روح الويسترن، وشخصية البطل، والقيم التي يحقنها ملفيل في أفلامه. إننا نلحظ تشابهاً كبيراً، على سبيل المثال، في السمات الشخصية لبطل ملفيل، مع بطل سرجيو ليوني: راعي البقر الرحال، البارع، المعتزل، المتوحد مع نفسه. بل هناك تشابهاً نلحظه حتى في الخلفيات التي تبرز فوقها قسمات كل منهما، للدرجة التي يمكن أن ننزع أحدهما من سياق البيئة التي يتحرك فيها، ونضعه في سياق البيئة الأخرى، فنجده متوافقاً منسجماً: نفس العزلة والوحدة، نفس المهارة والبراعة، نفس الثقة بالنفس، نفس التعالي، نفس المعرفة الفطرية المتشائمة حيال وضع الإنسان والوجود، نفس التكتم والصمت.

لكن، وعلى خلاف بطل ليوني، يبدو أن ما يحرك بطل ملفيل هو شيء آخر أكبر من المال. صحيح أن المال يظهر على السطح بوصفه الدافع الضروري، لكنه ليس الدافع الكافي. إن علاقة بطل ملفيل بالمال، وبفعل السرقة الكبرى التي سيقترفها في الفيلم، تبدو لنا وكأنها أشبه بعلاقة النار بالحطب؛ فرغم أن النار لا تتم بدون الحطب، إلا أن الحطب ليس سبباً في النار. إن بطل ملفيل يتوق إلى شيء آخر أكبر من المال، ولذلك لا يندم حين يفقد غنائم السرقة، أو يضطر للتخلي عنها. إن ما وراء عملية السرقة أهم من السرقة نفسها بالنسبة له، والدليل على ذلك أنه لا يناقش الوسطاء الذين سيقومون بتصريف المجوهرات المسروقة؛ بل يقبل الثمن فوراً دون مساومة، بالرغم من القيمة المجحفة التي يعرضونها عليه. الأكثر من ذلك، أن المال نفسه قد يصبح بلا قيمة بعد الحصول عليه. يتكرر في (الدائرة الحمراء)، على سبيل المثال، ذلك الأمر مرتين؛ أولاً في البداية، حين تتلوث بالدماء رزمة كبيرة من المال حصل عليها آلان ديلون من رئيس العصابة، فتصبح الأوراق النقدية الملتاثة بالدماء بلا قيمة. والثانية في النهاية، حين يرفض الوسيط تصريف غنيمة المجوهرات، لأن السرقة كانت أكبر مما ينبغي، وصارت المجوهرات المسروقة أشهر مما ينبغي، مما يستحيل معه تصريفها.

تطلع البطل إلى شيء أكبر من المال، ربما نجد أقوى تمثيل له في (الدائرة الحمراء) أيضاً، حين يقرر أحد أفراد العصابة الثلاثة (جانسن)، التخلي فجأة عن نصيبه من الغنيمة

لرفيقيه الآخرين، بالرغم من أنه لم يتعرف عليهما إلا منذ وقت قصير. إن المال ليس مهماً لجانسن، الذي يقول لزميليه (آلان ديلون، وجيان فولونتيه): "بفضلكما، وبفضل العملية، استطعت التخلص من الوحوش التي كانت في الخزانة!"

إن جانسن نجح أخيراً، وبفضل عملية السرقة، في التخلص من الخوف الذي كان يلازمه، ومن الكوابيس التي كانت تجتاح أحلامه، والتي كانت تجعل يديه مرتعشتان، للدرجة التي لا يستطيع معها إشعال عود ثقاب. لكنه بفضل عملية السرقة، عادت له ثقته بنفسه، وتخلص من خيالات الوحوش التي كانت تخرج من خزانة ملابسه، ليعود من جديد ليصبح المحترف الكبير؛ الشرطي السابق الحائز على الجائزة الكبرى في الرماية؛ أمهر الرماة في تاريخ الشرطة الفرنسية. هذا هو المحرك الذي يحرك بطل ملفيل، هذه هي غايته الكبرى، إنها: البطولة؛ إن ما يحرك بطل ملفيل هو عاطفة البطولة، وظمأه هو ظمأ إلى البطولة.

حتى أن نهايات أفلام ملفيل تكون هي التجلي الأكبر لعاطفة البطولة تلك. إن معظم أبطال ملفيل يقررون في النهاية ـ وعلى نحو واع ـ الموت الإرادي؛ ليس بسبب الإنهاك، بل بوصفه الإنجاز البطولي الخاص بهم. إن إرادة التصميم البطولي لهم ترفض تقديم تنازلات للإرادات المعادية لها، فتقوم باقتراف الموت الإرادي؛ ليس تسليماً وإذعاناً، ولا يأساً أو خوفاً، ولكن باعتباره فعلاً بطولياً خالياً من النفعية، وبطولته هي في لانفعيته (كما كان كيريلوف في رائعة دوستويفسكي "الشياطين"، يرغب في الانتحار، فقط ليؤكد لنفسه الحرية القصوى لإرادته)؛ فيحترق بطل ملفيل في النهاية وهو يدرك أنه لن تنبعث من هذا الاحتراق أية عنقاء. ولذلك يصم (كوستلو) أذنيه عن سماع نصيحة عازفة البيانو السوداء في نهاية (الساموراي)، حين تنصحه بمغادرة الكاباريه لأن حياته مهددة، كما صم أدونيس، في الأسطورة، أذنيه عن سماع نصيحة فينوس، فلقي مصرعه وهو يصطاد الخنزير الوحشي.

هنا أيضاً يتمايز بطل ملفيل عن بطل سرجيو ليوني، فالأخير يسعى لتجنب الموت، في حين يسعى بطل ملفيل للموت. حتى أن ملفيل يقدم لنا الموت الإرادي لبطله وكأنه عمل فني يدعو للإعجاب والاحترام. إن بطل ملفيل على استعداد لتقديم حياته ثمناً لصياغة مثل أعلى لتفوقه البطولي (الواشي، النفس الثاني، الساموراي، الدائرة الحمراء). يبدو الموت الإرادي هنا وكأنه احتياج من احتياجات البطل، غريزة أساسية، وهي أقوى من غريزة الحفاظ على النفس؛ غريزة السعي للبطولة. فإذا كان كل رجل عظيم يعمل عملين في آن واحد: العمل الذي يقوم به في المجتمع، وعمله الروحي الخاص به، فإن بطل ملفيل يبدو كما لو كان عمله الروحي هو السعي للموت.

نلاحظ أيضاً أن البطولة بالنسبة له تبدو وكأنها إثبات شخصي داخلي، وليست نوعاً من التطلع للإعجاب والتصفيق، بالرغم من أن انتصاراته اليومية، لا تقل بحال من الأحول عن ما جلب للمصارع في العصور الغابرة التصفيق والشهرة والإعجاب. إن بطل ملفيل لا يطمح إلا إلى أن يكون استثناءً من المجتمع؛ ولذلك فهو خارج عن القانون؛ الذي تتيح طاعته للفرد أن يدخل لعبة العالم وينخرط في الحياة الاجتماعية. ولكنه أيضاً يريد أن يكون استثناءً حتى من الاستثناء نفسه، فهو ليس خارجاً عن المجتمع فقط، بل خارج عن جماعة العصابة

وشروطها أيضاً؛ أي أنه خارج عن الطاعة خروجاً مضاعفاً، وموقعه هو خارج الخارج، وتتحول المدينة بالنسبة له إلى حلبة يكون هو فيها المصارع والمبارز، وسلاحه هو البراعة والإتقان والثقة؛ أي الحرفية، وحرفيته هي مظهر من مظاهر بطولته، وتسير وراء تزمتها المعياري كما سار موسى خلف العصا.

التوق للبطولة يتجسد كذلك في حرصه حرصاً جذرياً على التأنق؛ إن كوستلو في (الساموراي) يجد الوقت دائماً ليتأنق أمام مرآة بيته، حتى في ظل أحلك الظروف وأصعبها، وجانسن في (الدائرة الحمراء) لا ينسى أبداً أن يتأكد من أناقته حتى وهو يصعد سلم بناية متجر المجوهرات الذي سيقوم بمعاينته للسرقة، بل حتى محقق الشرطة في (النفس الثاني) يلتفت وهو يسير في الشارع كي يلقي نظرة على القمصان في واجهات المحلات. إن بطل ملفيل يجد الوقت والطاقة دائماً كي يتأكد من أناقة ملبسه، وكأنها حاجة ملحة لا ينساها أبداً. إن التأنق بالنسبة له هو أيضاً ـكالحرفيةـ من آخر مظاهر البطولة في أزمنة الانحطاط. إن التأنق الخاص (أي الملابس) إلى أشياء تبعث على الانبهار باعتبارها نزعة أسلوبية لرجل وحيد بشكل عميق، يحتفظ بمجهوليته وراء قناع التأنق، ويجمع بين ردود أفعال بارعة وبالغة السرعة، وبين تعبيرات وإيماءات هادئة وواثقة ومسترخية.

إن رداء بطل ملفيل هو مصدر من مصادر تنمية كبرياءه البطولي، ومظهر من مظاهر إعجابه الذاتي بمزاياه الخاصة. ولكنه أيضاً يرمز إلى حالة تشبه حالة الحداد؛ هذا ما نلاحظه في تفضيله للألوان الرمادية والسوداء، والبزات والمعاطف الرسمية التي توحي ليس فقط بأنه على أهبة الاستعداد طيلة الوقت، ولكن أيضاً بنوع من طقس الجنازة، حتى أن تغييرها بما يشابهها، هو البرهان على استمرارية حالة الحداد تلك؛ حداد غامض سمته العامة هو الحزن على ما مضى وافتقاد الأمل في ما سيأتي؛ وكأنه يرتدي بزة اليأس.

هذا اليأس يجعله لامبالياً تجاه العالم، وقادراً على الاستغناء عن أي شيء، فلا يوجد شيء لا يكون قادراً على الاستغناء عنه، وبطريقة فورية ومفاجئة (البيوت، السيارات، الرفاق، العشيقات، المال)، لذلك يتربى على اللاارتباط، والعلاقات المؤقتة، فحياته تعتمد على سرعته في التخلي، الذي يتحول ليصبح خبرة في حد ذاته، بحيث تقل تدريجياً المعاناة الناتجة عنه، ويتحول هو نفسه ليصبح كائناً يتوقع الأسوأ باستمرار؛ كائناً متشائماً. ولذلك نشهد برودة العلاقات الاجتماعية للبطل ببقية المجتمع الصغير المفكك المحيط به، فهو لا يعول كثيراً على البشر؛ لا على أعداءه، ولا على أصدقاءه، ولا يسعى حتى للانتقام من العشيقة الخائنة في (الدائرة الحمراء)؛ التي صارت عشيقة غريمه رئيس العصابة، فنظرته إليها هي نظرته إلى كائن بائس يستحق الاحتقار لا الانتقام. تبدو المفارقة من أن عزوف بطل ملفيل عن العلاقات البشرية، لاتبدو هروباً من عذابات تلك العلاقات، بقدر ما تبدو عزوفاً عن الإيغال في تجربة الشر: ذلك الامتياز البشري الأكبر؛ كالحيوان البري الذي يهرب من الإنسان لأنه لا يوحي له إلا بالخوف، ولذلك يبدو البطلـالمجرم هنا وكأنه أكثر براءة من البشري العادي.

من الشائق أيضاً ملاحظة أن أسلوب عمل بطل ملفيل يشبه أسلوب ملفيل نفسه في صنع أفلامه؛ وكلاهما يشبه أسلوب آلة تعمل بنعومة تامة، نعومة تصل إلى حد الصمت التام،

فبراعة البطل ـ المجرم في إزالة آثار جريمته في صمت، يوازيها أسلوب ملفيل نفسه في استخدام العناصر الواقعية لمحو آثار الواقعية نفسها من أفلامه (كحالة ستانلي كوبريك الذي كان يؤمن بأن الإغراق في التفاصيل الواقعية أكثر وأكثر، يؤدي إلى جعل المادة خيالية أكثر وأكثر). إن الصمت في أفلام ملفيل مدهش في قوته وامتداده، وقد يصل أحياناً إلى ثلاثين دقيقة كاملة ومتصلة من الصمت التام؛ كمشاهد السرقة الكبرى في (الدائرة الحمراء)، ومشاهد سرقة القطار في (المال القذر)، أو خمسة عشر دقيقة في مشاهد سرقة عربة المال في (النفس الثاني)، في حين ينبسط الصمت على رقعة الأجزاء الباقية من أفلامه، ليصبح هو القاعدة، بينما الحوار هو الاستثناء الذي يأتي كرثاء للصمت؛ صمت الاحتراف، والثقة، والتعالي، المُغلف بنظرة تشائمية فطرية ترى أن كل شيء باطل.

من ملامح تشابه الأسلوب بين ملفيل وبطله أيضاً؛ حرص ملفيل على إخفاء حبكة أفلامه، كمثل حرص بطله على إخفاء مغزى أفعاله، والتي تبدو لنا وكأنها سلسلة متعاقبة من أفعال الأسرار الكهنوتية. إن كلاً من ملفيل وبطله يمارسان طقوساً وشعائراً، والشعائر تُؤدى في صمت وتكتم. وبسبب هذا الصمت والتكتم، يشهد سلوك البطل في المدينة تفوقاً ملحوظاً لنشاط العين على نشاط اللسان.

إن الصمت بالنسبة لبطل ملفيل هو بمثابة الزيت الذي يُصلِّد عضلات إرادته البطولية. وبالنسبة لملفيل نفسه، يبدو التكتم وكأنه أسلوب عمل لإدارة الممثل، فما تعرفه الشخصية لا تبوح به، ولو حتى بالإيماءة، وقد يصل الأمر بهذا التحفظ الإيمائي إلى خداعنا نحن أنفسنا كمُشاهدين؛ كمشهد تسلل المجرم الهارب فوجيل إلى سيارة آلان ديلون في (الدائرة الحمراء)، دون أن يقدم لنا ملفيل أي ملمح أو إشارة، أو حتى زاوية رؤية تمكننا من فهم أن آلان ديلون قد لاحظ تسلله إلى صندوق سيارته أثناء تناوله غداءه في المطعم على الطريق، ومن هنا تكون المفاجأة كاملة عندما نكتشف، فيما بعد، أنه كان يعرف، وكان يتصرف طيلة زمن الرحلة على الطريق بناءً عن معرفة لا عن جهل.

من الأمثلة الرائعة أيضاً على توجيه ملفيل لممثليه بالتحفظ الإيمائي؛ المشهد الذي يدخل فيه جانسن في (الدائرة الحمراء) إلى محل المجوهرات لكي يعاين أجهزة الإنذار وكاميرات المراقبة. إن حجته للتجول في المكان هي رغبته في شراء قطعة حلي لصديقته، وتردده في الاختيار هو ما يتيح له البقاء أطول وقت ومعاينة كل شيء، وتردده ذاك يجعل البائع يعرض عليه كل الحلي والمجوهرات في كل مكان بالمتجر، دون أن يصل جانسن إلى حسم أمره وشراء أي منها. إن البائع هنا يظل محتفظاً ببرودة رهيبة لأعصابه، بل وأكثر، بآداب اللياقة واللباقة، حتى أنه يرافق جانسن ـ الذي لم يشتر شيئاً في النهاية ـ إلى باب المتجر ويحيه مودعاً، لكن كل طاقة الاستياء والغضب التي بداخله تخرج أخيراً في شبه إيماءة جانبية؛ فنلمح بسرعة وبالكاد، وفي زاوية رؤية مخنوقة لا تسمح بالكشف الكامل، أنه يعض بأسنانه على طرف لسانه من الغيظ، قبل أن يختفي بسرعة من الكادر. إن ملفيل يبدو كمن يعمل بنصيحة أندريه تاركوفسكي التي سينصح بها ممثليه فيما بعد؛ بأن يعملوا على الإخفاء أكثر من الإظهار، بأن يعاملوا ما بداخلهم على أنه سر يستوجب الكتمان لا الإعلان؛ وهو نفس التحفظ الإيمائي الشديد أيضاً لأبطال المخرج الياباني الكبير ياسوجيرو أوزو.

لذلك ربما ينتابنا الإحساس ونحن نشاهد أفلام العصابات لملفيل بأن هناك تماساً مع أسلوبية أوزو، وكأن أوزو يصنع فيلماً للعصابات، حتى أننا نستطيع اعتبار (الساموراي)، مثلاً، تحية لأوزو: الخواء والعدمية كقيم مبثوثة في الفيلم، كسر الآكس (المنظور الواحد في الرؤية)، الاحتفاء بالتكوين داخل الكادر، الاحتفاء بالشكل، الصمت، الثبات. إن ملفيل يعمل ضد الأسلوب التقليدي لأفلام التحري والجريمة، فهو يعمل من منطق الثبات، لا من منطق الحركة، والحركة تأتي عنده كرثاء للثبات، كما تأتي حركة الكاميرا رثاءً لثبات الصورة الفوتوغرافية، إن ملفيل يحاول ـكأوزو، وتاركوفسكي ـ أن يعمل ضد الإنجاز العظيم للسينما؛ أي الحركة؛ إنه يُخلد جمالية الجريمة بالثبات.

هذا الاحتفاء بالثبات، وبالصمت، في أفلام يفترض أنها أفلام حركة، يجعله في مناقضة وتباين دائمين مع أسلوبية هيتشكوك، ليس فقط في ما يتعلق بطريقة هيتشكوك في كشف الفاعل للجمهور في الدقائق العشر الأولى من الفيلم، ومقابلة ملفيل لذلك بتفضيله للإخفاء والغموض والالتباس، ولا فقط في التقطيع والإيقاع السريع عند هيتشكوك، والمتمهل المتأمل عند ملفيل، ولكن في ما يبدو عموماً من كون ملفيل يحتفي بكل ما يلقيه هيتشكوك في القمامة، والعكس بالعكس. وربما يكون وجه التشابه الوحيد بينهما مقتصراً على اشتراكهما في تحديد هدف صنع أفلام شعبية تحقق أرباحاً جيدة، دون التنازل عن القيمة الفنية، وعن الجماليات، وعن التجريب (الطليعية)؛ أي عن السينما التي يفضلانها.

من ملامح سينما العصابات عند ملفيل أيضاً؛ تقسيم المجرمين إلى نوعين: "مجرمون مؤقتون" يقومون بالجريمة إضافة إلى عملهم الآخر: مثل حارس السجن، والشرطي المتقاعد بطل الرماية في (الدائرة الحمراء)، وعازفة البيانو، والبارمان في (الساموراي)، وصديقة البطل صاحبة الملهى في (النفس الثاني)، ومجموعة العصابة في (المال القذر). والنوع الثاني من المجرمين هم "المجرمون المحترفون"؛ أولئك الذين يكرسون مجمل نشاطهم للإجرام. لكن العالم بأكمله بالنسبة لملفيل يظل عالم مجرمين؛ سواء مؤقتون، أو محترفون. يعبر عن ذلك بصورة مباشرة المفتش الكبير في (الدائرة الحمراء)، حين يقول لمحقق الشرطة الذي يلاحق العصابة: "كل الرجال مذنبون... قد يولد الرجل بريئاً، لكن ذلك لا يستمر طويلاً!". المفتش الكبير لا يستثني حتى الشرطة نفسها من دائرة الإجرام. ومقولته تلك لا تصدر عن نزق، أو انسياق وراء إغواء بلاغي، بل تصدر عن خبرة ووعي؛ فطبيعة عمله ككبير مفتشي الشرطة، لا تجعله فقط يرى المدينة كلها بنظرة واحدة، بل هو مضطر أيضاً لإرسال نظرته داخل عمله ذاته، لإنه هو "الشرطة التي تحقق في جرائم الشرطة"؛ يرى المفتش الكبير إذن الغابة كلها، ويلمس الأشجار بيده شجرة شجرة. ويكرر قوله في النهاية مرة أخرى، لتصبح كلماته هي آخر ما يرد بالفيلم: "تذكر، كل الرجال مذنبون... كلهم يا سيد ماتي!".

إن بطل ملفيل ينتمي في أغلب أفلامه إلى فئة المجرمين المحترفين، ووضعه الاجتماعي ذاك يحدد سمات حياته وطابعها العام؛ فحياته غير المنتظمة تتكون محطاتها الثابتة من الحانات والملاهي والمقاهي، وتتيح له اللقاء بكل أنواع المشبوهين، وتفصله في دائرة ما يُطلق عليه "الخارجون عن المجتمع"؛ وهو المجتمع ذو الجمهور المفكك،

المتأرجح، غير المحدد من كل أنواع اللصوص، والقتلة، والقوادين، والعاهرات، والنصابين، والأفاقين، وجواسيس الشرطة. ولهذا يتكرر عند ملفيل (الواشي، النفس الثاني، الساموراي، الدائرة الحمراء، المال القذر) أن يكون مكان التجمع هو الملهى الليلي، الذي يقع عادة في البدروم، ويلزم النزول إليه ببضع سلالم، وكأنه قبو العالم السفلي لطبقة المشبوهين في المدينة. إن بدرومات المدينة تتحول لتصبح هي المكان الحيوي للحركة وللحياة الأنيقة لمجتمع المجرمين ذاك.

أما بيوت زعماء العصابات، فتبدو ديكوراتها الداخلية وكأنها لبرجوازية تحاول تعويض حياتها التافهة في المدينة الكبيرة بالسعي لمنح الديمومة لوجودها الأرضي داخل الجدران الأربعة لمسكنها، ولذلك نلاحظ طابع "الحشد" لأعمال فنية من اتجاهات ومدارس مختلفة، بل ومتعارضة، ومن حقب زمانية شتى ومتنوعة (الساموراي، الدائرة الحمراء، المال القذر)؛ وكأنها مخزونات متراكمة من الآثار المتخلفة عن كارثة مناخية أو اجتماعية.

هذا على عكس المسكن الذي يشغله البطل، والذي نلحظ فيه التقشف الشديد (وليس الفقر البصري). إن مسكن بطل ملفيل دائماً ما يكون مسكناً مؤقتاً، ويحرص ملفيل على أن ينقل إلينا الشعور بأنه كيس للرحم، يطمر فيه البطل كل متعلقاته، بل ونفسه كذلك، ويبعدها عن عيون الآخرين. ويصبح المسكن بالنسبة له هو مكان الراحة المؤقتة بين الحين والآخر، مكان للتوقف وأخذ النفس، لكن بدون أن يحق له النوم فيه، فمن النادر أن نعثر على لقطة للبطل نائماً في بيته عند ملفيل، اللهم إلا إذا كان مصاباً أو في غيبوية. ويفقد المسكن أهميته، عندما يفقد وظيفته كجراب شخصي آمن، فينبذه البطل بنفس الطريقة وبنفس السهولة، التي ينبذ بها كيس النفاية الذي يلقيه على قارعة الطريق وهو يغادر المسكن-المؤقت. وكثيراً ما يتكرر إلقاء البطل للقمامة بجوار الرصيف؛ وكأن الفضاء العام ومجتمع المدينة لا يعني بالنسبة له إلا مكاناً لإلقاء المخلفات.

يصبح كيس النفاية الذي يلقيه البطل على قارعة الطريق، هو نفسه وسيلة محقق الشرطة في تتبع آثار بطلنا (النفس الثاني، الساموراي). إن رجل الشرطة عند ملفيل هو مقتفي أثر، ولهذا السبب فهو جامع نفايات في نفس الوقت (وتشمل النفايات الجثث، وفوارغ الطلقات التي يخلفها المجرم وراءه). إن المحقق يمضي يجوب المدينة بحثاً عن غنيمة من النفايات، ويتوقف في طريقه ليلتقط نفايات المشبوهين التي يلقونها، ويفقدونها، وينبذونها، ويحتقرونها، ويسحقونها تحت أقدامهم، ويعود إلى وكره/مكتبه ليعمل على مضاهاتها، وفرزها بحكمة وتبصر، حيث ستتخذ بين يديه شكل الأدلة والبراهين النافعة.

اقتفاء الأثر يضفي نوعاً من التشابه بين البطل-المجرم ومحقق الشرطة؛ تشابهات وتماثلات في المظهر والسلوك والحرفية، تتيح لهما الانخراط في لعبة تبادل الأدوار داخل الفيلم، كما يتبادل نفس الممثل في أفلام ملفيل لعب دوري المجرم والشرطي من فيلم لآخر.

هذا التبادل ليس هو الملمح الوحيد للازدواجية في سينما ملفيل، فهو في الحقيقة يُخضع كل شيء للازدواجية؛ فالشيء ليس كما يبدو عليه من النظرة الأولى: يبدو الفيلم كأنه ينتمي لنوع أفلام العصابات، لكنه أيضاً ينتمي لأفلام الويسترن. البطل يتحرك في باريس، لكن الديكورات الخارجية والداخلية هي لنيويورك وشيكاجو. زمن الفيلم هو الستينات

والسبعينات، لكن الأجواء هي أجواء أمريكا الثلاثينات والأربعينات. البطل يواجه الشرطة، ويواجه العصابة في نفس الوقت، وربما لذلك يحمل مسدسين معاً. السير في الشوارع يبدو كما لو كان للترويض، لكنه في الحقيقة للاختباء. المرأة المخلصة، هي عاهرة في نفس الوقت، وفتاة الليل قد تكون رجلاً في الحقيقة. الفيلم هو عن مطاردات، لكن بدلاً من أن يسوده منطق الحركة، يسوده منطق الثبات. أفلام ملفيل نفسها قد تحمل عنوانين لا عنواناً واحداً. ملفيل نفسه يحمل اسمين؛ اسمه الحقيقي ليس ملفيل، بل جرومباش.

<u>فيلموجرافيا:</u>

ولد جان بيير جرومباش في باريس عام 1917. وبعد الاحتلال النازي لفرنسا في 1940، انخرط في المقاومة الفرنسية متخفياً تحت اسم ملفيل (نسبة للكاتب الأمريكي هنري ملفيل مؤلف "موبي ديك"). بعد انتهاء الحرب، استمر في الاحتفاظ بلقب "ملفيل"، وحاول العمل مساعداً للإخراج في السينما، لكن السلطات الفرنسية رفضت وقتها منحه تصريحاً بالعمل في الاستوديوهات، فقرر أن يخرج أفلامه بمجهوده وموارده الشخصية. أخرج أول أفلامه الروائية الطويلة عام 1949، واستمر في صنع الأفلام حتى وفاته في باريس عام 1973. عمل أيضاً ممثلاً ثانوياً في بعض الأفلام لجان كوكتو، وإريك رومر، ولوي مال، وجان لوك جودار، وكلود شابرول. يعد من أهم رموز الحداثة السينمائية، وتأثرت بأفلامه وبطريقة عمله الموجة الفرنسية الحديثة.

<u>صنع 13 فيلماً روائياً طويلاً:</u>

1- صمت البحر، 1949.

2- الأطفال المرعبون، 1950.

3- عندما تقرأ هذا الخطاب، 1953.

4- بوب المقامر، 1956.

5- رجلان في مانهاتن، 1959.

6- القس ليون موران، 1961.

7- الواشي (أو القبعة)، 1962.

8- سحر الهلاك، 1963.

9- النَفَسْ الثاني، 1966.

10- الساموراي، 1967.

11- جيش في الظلال، 1969.

12- الدائرة الحمراء، 1970.

13- الشرطي (أو المال القذر)، 1972.

ياسوجيرو أوزو.. فن التثبيت

لم يشهد تاريخ السينما من رغب في تبديل قواعد النحو السينمائي، وعمل طيلة حياته مخلصاً لهذا الهدف، أكثر من المخرج الياباني الكبير ياسوجيرو أوزو (طوكيو: 12 ديسمبر 1903- طوكيو: 12 ديسمبر 1963)، الذي أصر على أسلبة أفلامه مؤمناً بقيم الثبات، والتكرار، والبساطة (بساطة النحت العظيم وليست الضحالة ولا الفقر البصري)، وظل هذا الإيمان ثابتاً لا يتزعزع طوال رحلة عمله التي بلغت 35 عاماً، أنجز خلالها 35 فيلماً روائياً طويلاً.

خلال حياته المهنية بطولها وعرضها، لم يصور أوزو إلا بعدسة مقاس 50 مم فقط. هذه ليست مبالغة، إنها تأكيد حرفي، لا توجد لقطة واحدة في أي من أفلام أوزو إلا وتم التقاطها بعدسة الـ 50 مم. لم يكن أوزو يرى العالم إلا من خلال الـ 50 مم (أقرب العدسات لحجم الرؤية لعين الإنسان)، وظل مصراً على الاقتصار على استخدام الـ 50 حتى بعد دخول الصوت، وحتى بعد دخول الألوان.

لا يقتصر الأمر على تثبت حجم الرؤية، لإن الرجل أصر كذلك على تثبيت المنظور ووجهة النظر، فقد ظل طيلة حياته المهنية ـوالتأكيد هنا حرفي أيضاً. يستخدم حاملين فقط للكاميرا: حامل مقاس 30 سم للقطات البعيدة، وحامل مقاس 90 سم للقريبة، وهو ما يجعلك تشعر دائماً في أفلامه بأن وجهة نظر الكاميرا (أي وجهة نظر المُشاهد) هي ما يطلق عليه السينمائيون "وجهة نظر الدودة" (أي حين يكون ارتفاع الكاميرا أقرب ما يكون إلى سطح الأرض)، وهو الأمر الذي يعطي ـمن ناحية التفسير الكلاسيكيـ أهمية مضاعفة للشخصيات المُصوَّرة، وكأن المشاهد جالس القرفصاء على الأرض، في جلسة تقليدية يابانية لشرب الشاي؛ جلسة تأملية، جلسة صامتة، يلاحظ فيها ويراقب ويتأمل للوصول إلى المعنى من خلال البساطة الصارمة.

"أجرومية الثبات" هذه، إن جاز أن نطلق هذا التعبير على طريقة أوزو التقنية، شملت أيضاً تحريم تحريك الكاميرا تحريماً مطلقاً؛ فالكاميرا عند أوزو ثابتة ثباتاً مقدساً، لا تتحرك ولا أهون حركة، ولا حتى على الحامل الثابت، ليس هناك لا بان pan (يمين-يسار)، ولا تلت tilt (أعلى-أسفل)، ولا ترافيلنج traveling (وضع الكاميرا على عربة متحركةdolly) مطلقاً في سينما أوزو، هناك إرادة جبارة ستصر خلال 35 عاماً من العمل السينمائي على جماليات اللقطة الثابتة، جماليات الفوتوغرافيا.

حرص أوزو على جماليات اللقطة الثابتة، كان يجعله ينفق وقتاً طويلاً جداً في ضبط كادر كل لقطة، وبعد اقتناعه النهائي بحدود الكادر الخارجية، وتكوينات عناصره الداخلية، وعلاقات الكتلة والفراغ، وتوزيعات الظل والنور، كان لا يسمح بأي تعديل مهما كان، ولا لأي سبب كان، على ما استقر عليه وأطمأن له، للدرجة التى كان العاملون معه يحرصون على الابتعاد أكبر قدر ممكن عن الكاميرا بعد ضبطها، خوفاً من أن يتسبب أحدهم في

تحريك الكاميرا أو الاصطدام بها، ومن ثم تعريض نفسه لغضب "الملك"؛ هكذا كانوا يطلقون على أوزو في الاستديو.

بالمناسبة، أوزو لا يخرج مطلقاً من الاستديو، ولا حتى للتصوير الخارجي، فقط باستثناء حالة وحيدة؛ عندما يكون لديه تصوير مشهد لقطار (وأفلام أوزو دائماً ما تحوي لقطة على الأقل لقطار)، وكان في أوائل حياته السينمائية قد حاول المستحيل أن يصمم نماذج مصغرة لقطارات، إلا أن النتيجة النهائية على الشاشة بعد الاختبارات لم تقنعه، فكسر حالة تحريم التصوير خارج الاستديو للضرورة مستثنياً تصوير القطارات، والقطارات فقط.

"أجرومية الثبات" عند أوزو تشمل أيضاً البشر، فطاقم ممثليه وممثلاته ثابت لا يتغير، والتقنيون الذي يعملون معه لا يتبدلون إلا بالموت، وعندما توفي مدير تصويره الذي عمل معه لعقدين من الزمن، اضطر أوزو إلى تكليف مساعد المتوفي بأن يحل محل أستاذه في العمل، ومن الطريف أن الممثل الذي يقوم بشخصية الأب العجوز قد بدأ لعب هذا الدور عندما كان في أواخر العشرينات من عمره في أفلام أوزو الأولى، واستمر يلعب نفس الدور حتى أصبح عمره وعمر الشخصية واحد.

تمتد "أجرومية الثبات والتكرار" في عالم أوزو أيضاً إلى الموضوعات، والموتيفات، والديكورات، فكل أفلام أوزو هي تنويعات ـ ليست متباينة كثيراً ـ لثيمة واحدة هي: "علاقة الآباء بالأبناء في شدها وجذبها"؛ محاولات الابناء للاستقلال عن سلطة الآباء، وخيبات أمل الآباء في أبنائهم نتيجة لذلك، وسيكون علينا أن نحبط القارئ الذي يتوقع أن يكون هذا الموضوع الأثير والوحيد لدى أوزو يمثل هماً لديه نتيجة تجربة إنسانية خاصة به في حياته الشخصية، بأن نقول أن هذا الموضوع في الحقيقة لا علاقة له بأوزو على الإطلاق، على النحو الذي يمكن معه القول بأن أوزو قد اختار أبعد موضوع ممكن عن حياته الشخصية ليعبر عنه في جميع أفلامه، فأوزو لم ينجب، ولم يتزوج، فضلاً عن أن علاقته بأبويه ـ وخصوصاً أمه ـ كانت شديدة الحميمية والمتانة.

لا أظن أن أحداً من سينمائي العالم قد شاهد أعمال أوزو دون أن يتأثر بها، فتأثيراته تمتد لتشمل الجميع، و"أجرومية الثبات والتكرار" لن يسلم منها أحد، وإن ظهرت تأثيراته أوضح ما تظهر في أعمال المخرج الكبير تار بيلا المجري، وآكي كورسماكي الفنلندي، وتساي منج ليانج التايواني: تثبيت طاقم الممثلين، وتكرار الموضوعات، وتصلب السينما الذي يشبه أن يكون تصلب الموت، دون أن يعني ذلك فقراً بصرياً في جماليات الصورة، بل على العكس تماماً.

لكن على النقيض من جميع من تأثر به لاحقاً من سينمائي العالم، فالبنسبة لأوزو، من شبه المستحيل أن نعثر على علاقات متوازية بين أفلامه وبين حياته الشخصية؛ فالجامعة، والدواوين، والحياة الزوجية على سبيل المثال ـ وهي موتيفات ثابتة في كل أفلامه ـ هي أشياء لم يخبرها أوزو بنفسه في حياته الخاصة. ومن ناحية أخرى، فإن الأشياء الحقيقية التي خبرها في الحياة ـ حياة الجيش والجندية، والحروب التي عاشها لفترة طويلة من حياته،

على سبيل المثال ـ لا تظهر أبداً في أفلامه، ولا حتى حياته في الريف مع أمه التي لازمها طيلة حياته.

وهو ما يجعلنا نستنتج بأن أوزو كان يفهم السينما على أنها نوع من الفن يختلف كثيراً عما يفهمه أنصار "تيار الوعي" مثلاً؛ فخياله وإلهامه لا يعملان إلا من خارج حياته الشخصية، لا يعملان إلا من خلال عقله وتأملاته، لا تجاربه الخاصة، وهو ما يجعل أفلامه قطع فنية تبتعد في أساليبها وتقنياتها عن الواقعية الاجتماعية حتى وإن كانت موضوعاتها تتلامس مع بعض موضوعات الواقعية الجديدة؛ إن سينما إوزو هي في الحقيقة شيء ما أكبر من الواقع.

"أجرومية الثبات والتكرار" لدى أوزو تشمل أيضاً الاقتراف المستمر والمتعمد لأحد المحرمات في السينما الكلاسيكية؛ ألا وهو ما يسميه السينمائيون (كسر الآكس axes): أي انتهاك حرمة قاعدة الحفاظ على أن تظل الكاميرا في محيط 180 درجة لا تغادرها، لأن الخروج عن هذه الحدود يؤدي إلى ارتباكات لدى المشاهد فيما يتعلق بالاتجاهات (يمين ـ يسار)، فالممثل الذي يكون في يمين الكادر، ينتقل بقدرة قادر، ليصبح في يسار الكادر في اللقطة التالية إذا لم يتم الحفاظ على قاعدة الـ 180 درجة؛ التي تحافظ على زوايا اللقطات ضمن قطر نصف دائرة، يتوحد فيها المنظور، واتجاهات الحركة، والعلاقات النسبية بين الموضوعات.

لكن أوزو كان أول من ينتهك هذه الحرمة، وعن وعي وثبات وتصميم، رغم أنه كان مغرماً بسينما هوليوود ويحرص على مشاهدتها باستمرار، لكنك لن تجد فيلماً لأوزو إلا والكاميرا تتحرك فيه كاسرة حاجز الـ 180 درجة من لقطة لأخرى، فتتبدل أوضاع الممثلين بالنسبة للمشاهد، وبالنسبة لبعضهم البعض، من اليمين إلى اليسار، وبالعكس، طوال الفيلم.

إن هذا الإصرار الواعي على كسر "وحدة الرؤية"، والذي يُعرض صاحبه لاستخفاف واستهزاء زملاءه السينمائيين ـخصوصاً في وقت مبكر من تاريخ السينما وغير مسبوق ـ، لابد وأن يكون له أساس ما فلسفي في رؤية الرجل للعالم. فربما لم يكن العالم بالنسبة لأوزو بالتماسك والتوحد الذي نظنه نحن، ربما كان يرى العالم "مكسور الآكس"، ويرى أن العلاقات بين البشر لا تخضع لقوانين المنطق، ووجهات النظر للعالم وللبشر لا ينبغي أن تكون ذات اتجاه واحد.

من الخصائص المميزة أيضاً لسينما أوزو، خصيصة في منتهى الغرابة، ووجه الغرابة ليس في طبيعتها فقط بقدر ما في توقيت ابتكارها؛ فأن يتم ابتكار واستخدام هذا الأسلوب الغير معتاد في الدراما الكلاسيكة، ومنذ أوائل الثلاثينات من القرن الماضي، هو شيء مدهش في الحقيقة! هذه التقنية الدرامية يمكن أن نطلق عليها "تجاوز الحدث الدرامي بعد منحة أهمية حوارية"، ويمكن شرحها ببساطة في أنه من المعتاد في سينما أوزو أن يتحدث شخصان حديثاً طويلاً مفصلاً عن استعدادهما ـمثلاً ـ للذهاب لمحطة القطار لاستقبال ضيف سيصل بعد قليل، ثم نفاجئ في المشهد التالي بالضيف في بيتهما يجلس ويتحدث إليهما، ودون أن نشاهد لا وصوله بالقطار، ولا استقبال المضيفين له في المحطة، ولا رحلة عودتهم جميعاً إلى البيت، كل ذلك يتم تجاوزه عن عمد، يتم حذفه من الدراما، وكأنه غير

مهم عند أوزو، لأنه غير حيوي، وننتقل فوراً إلى ما هو حيوي؛ أي جلوس الضيف إلى مضيفيه في البيت مباشرة.

وهو ما يعني أن أوزو كان يعمل ضد تكوين حبكة قوية للقصة الفيلمية ـكما هو الحال في أساليب سينما هوليوود الكلاسيكيةـ في مقابل ابتكاره لأسلوب تراكم سلسلة من اللحظات الإنسانية التي تبدو متشظية وغير مترابطة ترابطاً متتابعاً مع بعضها البعض. هو أسلوب يحاول فيه أن يلتقط الأحداث البينية التي تقع بين الشخصيات وبعضها البعض، أكثر من الأحداث الدرامية التي تقع للشخصيات نفسها، (على سبيل المثال: في فيلم (أواخر الخريف، 1960) عندما يقطع من الشخصية الرئيسية للفيلم "أكيكو" التي تشعر بالوحدة في بيتها، ليركز على تفاصيل ديكور شقتها)، وهي المحاولة التي حاول القيام بها من قبل الأديب الأيرلندي العظيم جيمس جويس في عمله الأخير (فينيجانز ويك).

وكأن أوزو معني بالوجود اليومي في هشاشته وتشظيه، ولاجدواه، ودائريته وعودته الدائمة، وهو أسلوب يجعل المرء يرى العالم من حوله بنظرة أكثر نقاءً وصفاءً، بعيداً عن أن يتم تشتيت الانتباه بأوهام التراكمية والأهداف الزائفة والسعي المحموم، إنها محاولة لتسجيل الزمن في نقاءه؛ شرائح من الزمن النقي. إنه أسلوب من يراقب الزمن، ولكنه مراقب مرهق، مسترخي، محبط، يقترب من الموت كبطل ملحمي، واقترابه من الموت يجعله يلمس ويكتشف كل الأوجه الأكثر حيوية في الحياة، ويستجيب على نحو نقي لجمال الطبيعة، ولمؤقتية الحياة، ولأسى انتظار الموت، وهو في المجمل تطوير لأسلوب الحساسية تجاه الأشياء على طريقة الفلسفة اليابانية التي شاعت في العشرينات من القرن الماضي؛ أي الأحساس بالعامل الموضوعي الخارجي بطريقة مباشرة وبدون وسيط (كوسيط اللغة مثلاً)؛ كمثل الإحساس بتلقي أشعة الشمس مباشرة على الوجه.

فعلى عكس ما كانت تحرص عليه هوليوود، فقد طور أوزو في فترة مبكرة من حياته ما يمكن لنا أن نطلق عليه "تشظية الحبكة"، وبرع فيها وأتقنها في أفلامه الأخيرة خاصة؛ فأحد أروع أفلام أوزو مثلاً (أوائل الصيف، 1951) هو فيلم ـككل أفلامهـ عن أشخاص عاديين، ويبدو لنا من الوهلة الأولى أن بطلته هي الشابة التي تتمرد على رغبات أهلها وتختار لنفسها بنفسها من ترغبه زوجاً لها، إلا أن هذه الحبكة سرعان ما يتماس معها شيئاً فشيئاً قصص أخرى لتصل في النهاية إلى استعراض حيوات 19 شخصية، وهو أسلوب طالما مارسه أوزو بتوسيع حدود الحبكة الأولية البسيطة مستخدماً أسلوب الحذف الروائي، ليصبح ما يقود الفيلم من أوله لآخره ليس هو الحبكة بل استخدام أوزو للمكان والزمان والتغيير المستمر في إيقاع أحداث الفيلم.

ثبات الكاميرا، والعوامل البصرية الأخرى، والشخصيات، هذا الإصرار على "اللاحركة" ومحاكاة تصلب الموت، هو ما يمكن ربطه بمقولة لأوزو عن أن: "الحياة لا تقدم شيئاً حقيقياً للإنسان." ومن المهم هنا أن نسترجع مقولة أخرى لأوزو توضح فلسفته في الحياة والفن، والمقولة كانت بخصوص فيلمه الأطول (أوائل الربيع، 1956)، قال: "أردت هنا أن أرسم صورة لرجل في وظيفة مرموقة، تعلم وتخرج من الجامعة، ثم أصبح عضواً

فاعلاً في المجتمع، وحاز على وظيفة جيدة، لكن سعادته تتبخر وتتلاشى تدريجياً، ويدرك في النهاية أنه بالرغم من أنه قد عمل بجد لسنين طويلة، إلا أنه في الحقيقة لم يحقق شيئاً.

ومن الغريب أنه في أثناء خدمته العسكرية أثناء احتلال الجيش الياباني للصين، طلب أوزو من أحد الرهبان الصينيين أن يرسم له الحرف الصيني الذي يرمز إلى "اللاشيء" (أو الفراغ أو العدم: Mu)، وقد توفي أوزو في يوم عيد ميلاده الستين بعد معاناة قاسية مع السرطان، وعلى شاهد قبره في معبد إنجاكو هناك الحرف (Mu) الذي رسمه له الراهب الصيني، والذي احتفظ أوزو به طيلة حياته.

الملاحظ في كل سينما أوزو كذلك، هو تركيزه على الفراغ والعدم الذي يعقب حركة الشخصيات ـوهو ما يتم حذفه في أي مونتاج لفيلم كلاسيكي، لأنه زائد عن الحاجة ولا معنى درامي له ـ، وكأن ما هو مهم بالنسبة لأوزو ليست هي الأحداث وإنما الفراغ الذي يعقبها، وكأن الحدث الحقيقي والأكبر عنده يحدث عندما لا يحدث شيء؛ إنه العدم، فلا شيء يبقى في سينما أوزو إلا الزمن في قوته واستبداده وامتداده.

امتدادات الزمن ملحوظة مثلاً في لقطات الردهات الخاوية التي يترك أوزو الكاميرا تصورها حتى بعد عبور الشخصيات لها، فاللحظات التي تبقاها الردهة خالية بعد العبور تؤكد على معنى الفراغ الحاضر من ناحية، وتمنحه ثقلاً هائلاً من ناحية أخرى، وهو ما يماثل وجهة نظر أوزو عن العالم، الذي هو مكان لحضور واختفاء الإنسان، مكان لاستخدام الإنسان للأدوات، والإعجاب بها، لكن ما يبقى في الحقيقة هو الفراغ، وكأن العنصر الغائب عند الآخرين هو البطل الحاضر والدائم عند أوزو؛ الفراغ الذي تعبره الكائنات، والمليء بالإمكانيات والآمال الزائفة، والذي يتم شغله ثم هجره، إنه العالم كمكان ترانزيت يتم عبوره، ويتم العبور من خلال العتبة (العتبة: داخل الخارج، أو خارج الداخل)، العتبة الدائمة، عتبة الفراغ؛ ولا يملك المرء هنا إلا أن يتذكر الأهمية الكبرى التي كان يمنحها الأديب الروسي الكبير دوستويفسكي في أدبه هو أيضاً للعتبات، والأحداث المفصلية والحيوية في رواياته التي كانت تحدث على العتبات، للدرجة التي يمكن معها وصف أدبه بأنه "أدب العتبات".

طريقة المحادثات بين الشخصيات عند أوزو هي طريقة لا يتراكم فيها المعنى، بل تبدو وكأنها بلا معنى. محادثات زائفة وكأن الأشخاص يقتاتون الكلمات ولا يعنونها. من ناحية مقابلة، فإنه عند الوصول إلى حالة من التفاهم أو الحل أو التوافق، لا يتم التعبير عن ذلك بالحوار أو الكلام، بل بالصمت فقط، مثلما تصمت الأم في نهاية فيلم (زهرة الربيع، 1958) عندما يصل الأب وابنته إلى حالة من التوافق. إن الصمت عند أوزو يشكل في الحقيقة أساس العلاقات الحقيقية بين الشخصيات، وأفلامه كلها يستهلكها الصمت ويلتهمها بثبات مشاهدها، وتشكيلية كادراتها المعزولة، والتركيز على الفراغ الأبدي، وتتشكل جمالياتها وحركتها وتعبيريتها من الغياب والسكون والفضاءات الخالية. بل إن أوزو ـفي الحقيقةـ يبدو وكأنه يطبق ما سينصح به المخرج الروسي العظيم أندريه تاركوفسكي ممثليه لاحقاً بأن يعملوا على الإخفاء أكثر من الإظهار، بأن يتعاملوا مع ما يحملونه على أنه سر لا ينبغي البوح به، وهو عكس أسلوب كوميديات وميلودرامات السينما الكلاسيكية أوالتجارية.

ومن المثير كذلك ملاحظة تكرار فصول السنة الأربعة كعناوين محببة لدى أوزو، والذي كان يؤمن بدورات الحياة وبالعود الدائم، تماماً كما تتكرر دورات الولادة والموت، والانتقال من الطفولة إلى النضج، ربما كرموز لخبرة التحولات البشرية التي تدور في دورات متكررة، وهو ما تركز عليه عناوين أفلامه التي تشير إلى التغير في فصول السنة الأربعة: (أواخر الربيع، أوائل الخريف، نهاية صيف، أوائل الربيع، أوائل الصيف، بعد ظهيرة يوم خريفي، أواخر الخريف... إلخ)، فهي جميعاً فصول تعود، لكنها لا تخرج عن كونها أربعة حالات لا أكثر، كعناصر الطبيعة الأربعة: الماء والنار والريح والتربة؛ الأبطال الحقيقيون في كل أفلام تاركوفسكي لاحقاً.

قال أوزو ذات مرة: "الأفلام التي لها حبكة واضحة تضجرني، وأشعر أن الفيلم لا يكون جيداً إذا كان به قدر كبير من الدراما"، ولذلك فالأحداث الدرامية في سينما أوزو ليس لها ثقل كبير، ولا هي من النوع الساخن، إنها لا تعرض سوى شخصيات تقوم بأفعال يومية روتينية معتادة معادة؛ تناول الطعام، محادثات في شؤون يومية صغيرة، المشي في غرف البيت، تناول الكحوليات، اجتماعات العزاء، اجتماعات الأصدقاء القدامى.

ومن المثير مقارنة شخصيات أوزو الكبيرة في السن، خصوصاً من موظفي المكاتب، والذين يبدون ـ رغم استمرار ممارستهم لوظائفهم ـ وكأنهم قد اعتزلوا وتقاعدوا واستسلموا لتأمل الحياة، بشخصيات موظفي الدواوين ورجال السلطة عند كافكا. بل أن المثير هنا أيضاً هو عقد مقارنة سريعة بين عالمي أوزو وفرانتس كافكا، خصوصاً فيما يتعلق بالعائلة، وموظفي الدواوين لدى كل منهما.

فعند كل من كافكا وأوزو، سنجد أن موظفي المكاتب (رمز السلطة عند كافكا) مهما تكن مكانتهم عالية، ومهما يكن نفوذهم قوياً، إلا أنهم يبدون دائماً مرهقين، متهدمين، كأنهم خربين من الداخل، حتى وهم في كامل قوتهم. ربما لهذا السبب تبدو أعناق أصحاب السلطة عند كافكا مغروسة عميقاً في صدورهم حتى أن المرء بالكاد يستطيع رؤية أعينهم؛ كما هو الحال في صورة آمر القلعة، أو كِلِم عندما يكون بمفرده في رواية (القصر). شخصيات موظفي المكاتب عند أوزو أيضاً تبدو وكأنها منحدرة من سلالة الجبار أطلس الذي يسند العالم بكتفيه، لكن الإرهاق الذي تبدو عليه هذه الشخصيات ليس بسبب أن العالم هو ما يحملونه، بالعكس، فحتى أكثر الأشياء اعتيادية وروتينية وابتذالاً لها وطأتها وثقلها الخاص أيضاً.

هناك ملمح آخر للتشابه بين موظفي المكاتب عند أوزو وعند كافكا؛ أن الجو الذي يسود المكاتب لدى كل منهما تغلفه البرودة والصمت، والحركة في كل منهما بطيئة بطئاً مطرداً ـ إن لم تكن ثابتة ـ، وكأن الموظفين قد بعثوا من أعماق الوهن. وهناك الكثير أيضاً الذي يشير إلى أن عالم الموظفين لدى كافكا وأوزو هو نفسه عالم الآباء؛ الذي يتشكل من الفتور والوهن والبطء. لكن الخلاف الملحوظ بين كافكا وبين أوزو؛ هو أنه بينما يبدو عند كافكا أن الآباء (والموظفين) هم الذين يحيون على حساب الأبناء (ليس بالمعنى الاقتصادي فقط، ولكن بالمعنى الوجودي أيضاً)، وكأنهم طفيليات هائلة الحجم يعتلون رؤوس أبنائهم، ينهبون قوتهم وينخرون في حق الأبناء في الوجود، وهم أيضاً الذين يوجهون الاتهامات

الظالمة إلى الأبناء، إلا أن الأمر يبدو معكوساً لدى أوزو، فالأبناء هنا هم الطفيليات التي تحيا على حساب الآباء-الموظفين، و هم الذين يظلمون الآباء، لا لشيء إلا لأنهم قد قاموا باقتراف "خطيئة" إنجابهم، وكأن الإنجاب لدى أوزو هو الخطيئة الأولى التي تجعل من الأباء أوغاداً وأشراراً يستحقون العقاب.

ليس هذا فقط، لكن يبدو أن كل من كافكا وأوزو كانا يتشاركان في رؤيتهما عن العالم؛ فالإحساس لدى أوزو بالعدم، واللاجدوى، والحياة التي لا تقدم شيئاً حقيقياً للإنسان، والتي جعلت منه يوصي بأن يعلو قبره الحرف الصيني المعبر عن العدم واللاشيء (Mu)، نجد شبيهاً له في أعمال كافكا، ويتوافق معه كثيراً المحادثة التي رواها ماكس برود (صديق كافكا وناشر أعماله بعد وفاته)، والتي قال فيها: "أتذكر حديثاً مع كافكا كان قد بدأ بشؤون أوروبا الحالية وانحدار الجنس البشري. قال كافكا في نهاية الحديث: إننا أفكار عدمية خطرت على بال الرب!". ويتابع ماكس برود: "في البداية، خطر على بالي أن كافكا يقصد الأفكار الغنوصية عن الحياة التي تصف العالم بأنه تجلي للشر الذي يكمن في القوة التي خلقت العالم، لكن كافكا قال سريعاً: لا، لا، ما أقصده هو أن عالمنا هذا هو مجرد واحد من تلك الأيام المزعجة التي تمر بالرب. فقلت له: إذن هناك أمل خارج كل تجليات هذا العالم المعروف لنا؟! فابتسم وقال: هناك وفرة من الأمل، مقدار لا يُحصى ولا ينضب من الأمل، ولكن ليس بالنسبة لنا!

هذه الكلمات، رغم قسوتها، تقدم جسراً لفهم شخصيات كل من كافكا وأوزو. "الأمل الموجود ولكن ليس لنا" لجريجوري سامسا الذي يستيقظ من النوم فيجد نفسه وقد تحول إلى حشرة في منزل أبويه وليس في مكان آخر، و "الأمل الموجود ولكن ليس لنا" لشخصيات أوزو التي تلطو في أركان الحجرات جالسة على الأرض، وكأن كل طموحها أن تستعمل أقل قدر ممكن من المساحة، وأقصى آمالها أن تصل هذه المساحة إلى الصفر.

وربما لهذا أيضاً تكاد الموسيقى والغناء أن تنتفي من أعمال كل منهما؛ فالموسيقى بالنسبة لكافكا ـكما لأوزوـ هي تعبير عن الأمل، عن السعادة الضائعة التي لن يتم أبداً استعادتها مجدداً، تلك السعادة التي حاول كافكا التعبير عنها على نحو شديد الغرابة في الفصل الأخير من روايته الناقصة والمبتسرة (أمريكا).

هتشكوك.. الإنسان بوصفه طريدة

فـي واحد من أروع أفلام المخرج الأمريكي الكبير فريد زينمان (رجل لكل العصور، 1966م)، يقول توماس مور لابنته: "حين يضعنا الله في موقف عصيب، علينا أن نُعمل العقل ما استطعنا، فإن نجحنا في التغلب على المشكلة، فهي مشيئته هو لا مشيئتنا نحن، أما نحن كبشر، فتنحصر مهمتنا الأساسية في الهروب".

"الهروب"؛ هذه هي الكلمة المفتاح لكل أعمال ألفرد هيتشكوك (لندن: 13 أغسطس 1899م ـ لوس أنجلوس: 29 أبريل 1980م)، والذي يمكننا القول أن مجمل أعماله كانت فيلماً واحداً طويلاً عن الإنسان بوصفه طريدة. فهيتشكوك ليس كالمخرج الروسي الكبير أندريه تاركوفسكي، الذي كان يؤمن بأن الإنسان موجود لوظيفة جمالية، وأنه مهمته الأساسية على الأرض هي اكتشاف الجمال، وتحقيق الجمال. لا، هيتشكوك كان قد حسم أمره منذ الطفولة بأن الإنسان ليس إلا طريدة، ومهمته الأساسية على الأرض تنحصر في الهروب.

معظم نقاد السينما يصنفون فيلمه (الشمال عبر الشمال الغربي، 1959م) على أنه جوهرة التاج، قد يفضل البعض (دوار، 1958م)، أو (سايكو، 1960م)، أو (النافذة الخلفية، 1954م)، لكنني شخصياً أجد أن (الطيور، 1960م) هو العمل الذي يتحقق فيه بشكل مثالي، وببلاغة سينمائية مدهشة، رؤية هيتشكوك عن الإنسان بوصفه "طريدة"؛ إنه العمل الذي حاول فيه أن يلخص الوضع الإنساني من الأزل إلى الأبد، ولذا فهو الفيلم الوحيد الذي نلمس فيه ـإجمالاً ـ ملمحاً ما وجودياً قلما نلمسه في أعمال هيتشكوك الأخرى.

في (الطيور)؛ الإنسان ليس مطارداً من قبل إنسان آخر مثله (كما هو الحال في بقية أفلام هيتشكوك)، ولكن من قبل قوى أعلى، ولأسباب غامضة، وبنتيجة حتمية معلومة منذ البداية؛ هي الهزيمة المحققة للإنسان (أيضاً على عكس كل أفلامه التي ينتصر فيها الإنسان البريء). فمن بين كل أفلام هيتشكوك ـالذي كان يؤمن بأن قوة الفيلم تتناسب طردياً مع قوة الشريرـ، يبرز (الطيور) بوصفه الفيلم الذي يبلغ فيه الخطر كماله، يبلغ فيه الشرير الشر المطلق الذي لا راد له ولا قدرة للبشر على هزيمته؛ إنها الطيور، الطيور العادية؛ الطيور التي يرجع تاريخ وجودها على الأرض إلى أكثر من 140 مليون عاماً خلت، وها هي قد قررت أخيراً أن تهاجم البشرية، وأن تقضي على الإنسان، في جريمة قتل صامتة، ولأسباب غير معلومة، وكأن دوافع الشر عدمية (هذا إن كان هناك دوافع أصلاً لدى الطيور)، وكأن الأهمية الحقيقية هي للشر نفسه كقوة وجودية قاهرة، بغض النظر عن دوافعه.

في محادثة بين عالمة الطيور العجوز وتيبي هيدرن، تقول عالمة الطيور: "ولكن، إذا قررت الطيور فعلاً أن تهاجم البشر فلا أمل لنا! كيف نستطيع أن نواجههم؟! إنهم أكثر من 100 بليون طائر على سطح الأرض!". كان هيتشكوك قد صرح بأنه لو كان (الطيور) فيلماً يتعلق بالصقور، والنسور، والطيور الجارحة، لما كان قد اهتم بتصوير الفيلم. ما أعجب الساخر الكبير ذو القوام البرميلي هو أن الأمر يتعلق بطيور عادية، طيور كل يوم، طيور

كالنوارس، والغربان، والعصافير، والطيور البحرية، التي قررت أن تقضي على البشرية (لاحظ الفرق بينه وبين فيلم كـ (الفك المفترس، 1975م) الذي سيخرجه ستيفن سبيلبرج لاحقاً، والذي حاول فيه أن يقتفي آثار (الطيور) في استراتيجيته العامة، وإن كان فيلماً عن أسماك القرش المفترسة لا عن الطيور الوديعة رمز السلام).

وتبرز سخرية هيتشكوك أوجها حين نكتشف المفارقة الكاملة بعد مشاهدة (الطيور)، من أن أجمل أفلامه عن الهروب؛ عن الإنسان بوصفه مخلوقاً مطارَداً، ليس به ـ من أوله لآخره ـ إلا مشهد واحد فقط لهروب فعلي، هروب مادي حقيقي قائم، أما بقية الفيلم فاستسلام من البشر للطيور. مشهد الهروب المادي الوحيد في الفيلم هو مشهد هروب الأطفال من الطيور التي تطاردهم أمام المدرسة، ولن تغفل شهية مماثلة لشهية هيتشكوك الساخرة ملاحظة أن المشهد كله لا يمكن إلا أن يكون أيضاً مشهداً ساخراً: الطيور العادية، طيور كل يوم تطارد الأطفال!

بالإضافة إلى السخرية الإنجليزية الباردة المحقونة في كل أفلامه، هيتشكوك مغرم ببناء أفلامه أيضاً على المفارقات، وهو من كبار السينمائيين الذين تملؤهم الرغبة الجارفة في العمل في نطاق المفارقات والتعارضات الثنائية. كان يعتقد أنه من المفارقة الثنائية ينبثق شيء ما ثالث؛ شيء أسمى من اعتيادية الحياة اليومية. حياة هيتشكوك نفسها مفارقة كبيرة؛ فهو ـ بوجهه الذي لم يعبر وجه مثله عن السأم والضجر في العالم المعاصر ـ كان يسعى طيلة الوقت لتسلية نفسه بالتفتيش عن التشويق والإثارة، خلال حياته الرتيبة، والمنظمة، والاعتيادية. فملك التشويق والإثارة، والقتل، والتنكر، وعوالم الجواسيس، والمبتزين، والمخربين، والقتلة، هو رجل إنجليزي تقليدي، متقيد أشد التقيد بعاداته اليومية، وطقوسه الرتيبة التي لا تتبدل، وحياته المنتظمة مع زوجته التي لم يعرف نساءً غيرها طيلة حياته، وهو شديد الالتزام بوظيفته في شركة يونيفرسال للإنتاج السينمائي التي تستمر من التاسعة صباحاً إلى السادسة مساءً. كان ملك المطاردات، الرجل الذي تزخر أفلامه بالحركة والعدو والهروب، هو نفسه الرجل الذي يكره كرهاً شديداً بذل أي مجهود بدني من أي نوع.

المفارقات الثنائية مبثوثة كتفاصيل بصرية لا نهاية لها في أعمال هيتشكوك. من المفارقات في (الطيور) مثلاً: يقبض ميتش في بداية الفيلم على طير الكناري الذي أفلت من ميلاني، ويودعه في القفص قائلاً: "ها أنا أضعكِ في قفصك الذهبي يا ميلاني دانييلز!". فيما بعد، وفي خليج بوديجا، تلجأ ميلاني إلى كشك هاتف زجاجي هرباً من هجمات الطيور، تماماً كطائر الكناري في القفص، لكن القفص هذه المرة ليس ذهبياً، بل كارثياً.

في أحد المشاهد الأخرى البليغة في (الطيور) يأمر هيتشكوك مساعديه برش الطريق الترابي الذي تسير عليه سيارة والدة ميتش بالمياه، حتى لا تثير السيارة الغبار أثناء سيرها. وفي أعقاب اكتشافها مقتل المزارع وفقأ الطيور لعينيه، تسرع والدة ميتش هاربة بسيارتها على الطريق الترابي الذي أمر هيتكشوك مساعديه هذه المرة بأن يعملوا على أن يثير أكبر قدر ممكن من التراب أفقياً. مفارقة بصرية بين هدوء النفس وسلامها قبل اكتشاف الكارثة، واضطرابها وانفعالها أثناء الهروب.

فيلم (الطيور) بأكمله ينهض على المفارقة الثنائية ما بين حال الإنسان وحال الطيور. هذه المرة، الطيور هي الطليقة والإنسان هو الذي داخل القفص. هذه المرة، طيور كل يوم هي الصياد، والإنسان هو الطريدة.

المفارقة في أعمال هيتشكوك لا توجد فقط داخل الفيلم الواحد، بل يمكن رصدها أيضاً ما بين فيلم وفيلم. في (الطيور) يتعامل هيتشكوك مع الطيور كأنها طائرات تهاجم البشر، في حين يتعامل مع الطائرة التي تهاجم البطل في الصحراء في (الشمال عبر الشمال الغربي) كأنها طائر من الطيور.

مفارقة أخرى مهمة يلاحظها المُشاهد لسينما هيتشكوك: أن أجمل مشاهد القتل في سينماه لا تحدث ليلاً، بل نهاراً وفي وضح النور.

مفارقات هيتشكوك تنهض أيضاً ما بين الصورة والحوار. هناك دائماً ـ وعلى وجه الإجمال ـ طباق بين ما نراه في الصورة وما يدور من حوار بين الشخصيات، ونادراً ما يكرر الحوار ما يرد في الصورة؛ هذا من أهم المبادئ التي يعمل هيتشكوك في ظلها، وهو مبدأ اكتسبه إثناء عمله في السينما الصامتة في بداية حياته المهنية، حين تعلم كيف يروي القصة البصرية بالصورة فقط، وبعد دخول الصوت للسينما، كان من أوائل السينمائيين الذي عملوا على أن يكون الصوت "إضافة" إلى القصة البصرية، وليس مجرد تكرار لها.

اختيار أبطال الفيلم في حد ذاته قد يخضع أيضاً للمفارقات عند هيتشكوك. فمثلاً، في فيلم (سيئة السمعة، 1946م) يختار هيتشكوك الأبطال تنفيذاً لمفارقة خطرت على باله أثناء التحضير للفيلم؛ أن يستغل الفارق في طول القامة بين إنجريد برجمان وكلود ريتز، كعامل لإثارة الانفعال لدى الجمهور؛ رجل قصير عاشق لامرأة طويلة!

التحريات حول حياة وطريقة عمل هيتشكوك تثبت لنا أن المفارقة الثنائية لعبت دوراً كبيراً في علاقته بجمهور المشاهدين من ناحية، وبطريقة صنعه لأفلامه من ناحية ثانية. كان هيتشكوك يؤمن منذ صدر شبابه بأن الإنسان مخلوق عاق بطبعه، وقد تعمق هذا الإيمان أكثر وأكثر عبر تجاربه الطويلة مع جمهور أفلامه. كان يرى أن المشاهدين يدخلون الفيلم، ويستمتعون به، ولكنهم يصرون على إظهار أن حبكة القصة في الفيلم لم تنطل عليهم. كان هيتشكوك يرى في ذلك ضرباً من الشيزوفرينيا يقود الجماهير إلى مجافاة متعتهم أثناء الفرجة؛ الاستمتاع بالفيلم، وادعاء أن الألاعيب الواردة به لم تنطل عليهم في نفس الوقت! ولذلك، وطد هيتشكوك نفسه على الرد على هذا التحدي بسلوك منهج معين في الإخراج لا يمكن معه للجمهور أن يحزر ما الذي ستكون عليه اللقطة التالية (نفس طريقة موتسارت في التأليف الموسيقى، والتي استلهمها الموسيقار محمد عبد الوهاب أيضاً في عمله؛ حيث كان من المستحيل توقع الجملة الموسيقية التالية في أي لحن جديد)؛ هي سلطة مطلقة استبدادية يمارسها هيتشكوك على الجمهور بفضل نوع خاص من تقطيع المشهد الواحد إلى أحجام لقطات مختلفة، لكل حجم منها هدف محدد يهدف إلى إحداث تأثير بعينه في الجمهور، وهو ما أصبح أسلوباً فريداً بلغ ذروته في فيلم (الشمال عبر الشمال الغربي)، ثم أخذت عنه ألعاب الفيديو الحديثة التي تُبنى استراتيجيتها العامة على أساس المراحل التراتبية (أو المقاطع المنفصلة ـ المتصلة) لرحلة البطل للوصول إلى الهدف النهائي.

دور المفارقة كبير أيضاً في اقتناع هيتشكوك (أبو القوانين في سينما التشويق) بمبادئ سينمائية معينة والالتزام بها طيلة مشواره الفني. فالسينمائي والناقد العارف بأعمال هيتشكوك يعلم أن هناك قواعد ثابتة لا تتغير في كل أفلامه؛ قواعد كان قد طورها أثناء عمله بالملاحظة الدقيقة والألمعية المشهود له بها، وأثبتت جدواها على مر مشواره الفني في حبس أنفاس المشاهدين، وفي الحفاظ على قدر كبير من "طزاجة" المشاهدات المتعددة للفيلم الواحد، بحيث لا يمل الجمهور من تكرار مشاهدة الفيلم الواحد مع مرور الزمن.

من أهم هذه القواعد "الهيتشكوكية"، قلب ما هو متعارف عليه في القصص البوليسية المعروفة بـ (من الفاعل) رأساً على عقب؛ فهيتشكوك ـ على عكس أجاثا كريستي مثلاً ـ يكشف للمُشاهد عن الفاعل الحقيقي في أول 10 دقائق بالفيلم، لأن أساس عمله ليس هو تحقيق "المفاجأة" في نهاية الفيلم ـ كما هي روايات أجاثا كريستي التي يتضح في نهاية آخر 5 صفحات منها أن الفاعل الحقيقي هو أبعد شخصية يمكن أن يتصورها القارئ ـ، لا، بل إن هدف هيتشكوك هو على الدوام المحافظة على "التشويق" من أول الفيلم إلى آخره، ويحقق ذلك عن طريق الترقب الدائم من قبل المُشاهد لمصير البطل المظلوم الذي يسعى لإثبات براءته، بينما المُشاهد يعلم الفاعل الحقيقي، ويتابع رحلة البطل بانفعال أثناء محاولته لإثبات براءته. لقد أدرك هيتشكوك في بداية عمله السينمائي أن ما هو مناسب للأدب ليس مناسباً للسينما، على الأقل تلك التي يفضل صنعها، فطور هو بنفسه قواعد التشويق السينمائي، والتي أثمرت عن نجاحات شعبية ونقدية لأفلامه، ويحسب له أنه لم يقع في فخ غواية تحويل الأعمال الأدبية الكبرى إلى سينما؛ ومن ذلك مثلاً رفضه تحويل رائعة دوستويفسكي (الجريمة والعقاب) إلى عمل سينمائي، وتفضيله العمل على قصص وروايات من المستوى التجاري العادي، أعمال لم تحقق كمالها الأدبي، ويمكن العمل بحرية على تطويرها بصرياً.

كان هيتشكوك يقدر الفن السينمائي تقديراً كبيراً بوصفه الشكل البصري الحديث للثقافة الإنسانية، وهو الذي وصفه الفيلسوف الفرنسي جيل دولوز ((مفاوضات، 1990م) بأنه همزة الوصل بين تقاليد التجريب الإنجليزي الكلاسيكي وحركة الحداثة؛ آخر فرسان الكلاسيكية وأول فرسان الحداثة السينمائية. هيتشكوك كمؤلف سينمائي رائد كان يحمل فهماً بصرياً معقداً للسينما بوصفها شكلاً يجمع بين شعبوية الحكي، والشكل الطليعي للفن بوصفه تجريبياً مستمراً، وهو ما جعل الكتابات النقدية الحديثة تصنف أعماله ليس فقط كأعمال تنتمي للموجة الشعبية للسينما الجماهيرية، بل أيضاً كأعمال تحوي قدراً كبيراً من السيريالية أحياناً والتعبيرية أحياناً أخرى، حتى وإن تخفت هذه الأعمال وراء شعبويتها.

تأثر هيتشكوك يبدو لنا عميقاً بكتابات كل من شارل بودلير، وجوستاف فلوبير، وأوسكار وايلد، وإدجار آلان بو. تأثره ببو يرجع إلى الطفولة، ونلمس ذلك في مقال نادر كتبه هيتشكوك بعنوان (لماذا أخشى الظلام، 1961م)، ووصف فيه تأثره الشديد في طفولته بقصص بو الخيالية والغريبة خصوصاً كتابه (حكايات الغرائب والعرائب، 1840م) (Tales of the Grotesque and Arabesque).

سينما هيتشكوك بأكملها تبدو لنا وكأنها تحمل قدراً كبيراً من الفضل لعالم إدجار آلان بو وقصصه المليئة بمرض استحواذ الفكرة الواحدة (لاحظ أيضاً أن معظم شخصيات

دوستويفسكي فيما بعد سيستحوذ عليها مرض الفكرة الواحدة)، والغموض، والشخصيات التي تنضح بالغرابة. التأثر والتشابه بين بو وهيتشكوك لا يمتد فقط ليشمل الاهتمام بكل ما له علاقة بالرعب، بل أيضاً بالنظر إلى الإنسان على أنه كائن عاق، تنتفي من تصرفاته صفة الرشادة والحكمة، بالإضافة إلى ولع كل من بو وهيتشكوك بالفنون المختلفة وفهمهما العميق لها، وفي نفس الوقت، شعبوية أعمال كل منهما، والروح شبه-العلمية التي تغلف أيضاً أعمالهما.

تبدو تأثيرات عوالم بو أكثر ما تبدو في فيلم (النافذة الخلفية، 1954م) والذي يمكننا اعتباره فيلماً داخل الفيلم (جيمس ستيوارت المصور قعيد الكرسي المتحرك المهووس بمراقبة حيوات جيرانه عبر نافذة حجرته التي تطل على الفناء الخلفي). وفيلم (دوار) الذي نقترب فيه أكثر من سيريالية تشبه سيريالية بو، ونحن نتابع التحري السابق سكوتي المصاب بعقدة الخوف من الأماكن المرتفعة، والذي تتداخل عنده عوالم الحقيقة بالأحلام (كما تتداخل عوالم السينما الشعبية بالطليعية عند هيتشكوك نفسه)، ويصبح في رحلة بحث عن المعنى، بعد أن فتح الغموض الإمكانيات اللانهائية لتفسير تشابه شخصية فتاة يقابلها حديثاً مع أخرى شهد موتها بأم عينيه. وحتى فيلم (سايكو) الذي يحاول فيه المجرم المختل أنطوني بيركنز أن يخلق أمه من جديد، بتجميع شذرات من مواد وألبسة مختلفة (كمحاولات هيتشكوك نفسه أن يخلق فناً خالصاً من السينما مستعيناً بشذرات وتأثيرات من الفنون الأخرى).

تبدو تأثيرات بو أيضاً مبثوثة في كل أفلام هيتشكوك؛ ليس فقط من حيث التأثر بسيريالية بو التي تظهر في مشاهد الأحلام والكوابيس في أفلام هيتشكوك -مثل الحلم الذي صممه سلفادور دالي في فيلم (الممسوس، 1945م)، أوالحلم الذي صممه جون فيرين في فيلم (دوار)-، ولكن في الأساس في الاستراتيجية العامة لعمل هيتشكوك والتي يتضح لنا أنه كان يهدف منها إلى إرباك الحس الواقعي العام في الفيلم لصالح عوالم الأحلام ومنطقها، وهو ما جعل السيناريو -ومنطقية السرد السينمائي طبقاً للقواعد الكلاسيكية- هو أضعف العناصر على الإطلاق في سينما هيتشكوك. لكن من المفارقات حتى هنا، أن هذا البناء للأفلام بمنطق الأحلام، كان يغلفه هيتشكوك بهوس شديد نحو توثيق واقعي لكل ما له علاقة بالعناصر البصرية والشكلية في الفيلم (الديكورات، والإكسسوارات، والشوارع، والمباني..إلخ)، بل وكان يفاخر بقدرته على النقل شبه-الحرفي للأماكن الحقيقية التي وقعت فيها الأحداث إلى الديكورات السينمائية.

ورغم المنطق العام للحلم الذي يغلف كل سينما هيتشكوك، إلا أننا لا نكاد نلمس في أعماله روحاً تأملية أو روحانيات أو محاولات فلسفية -على عكس سينما تاركوفسكي أو برجمان مثلاً-، والمبرر هنا يبدو منطقياً ومعقولاً؛ فالهروب لا يتحمل تفكيراً ميتافيزيقياً، قد يتحمل لمحات، أو شذرات من مقاربات تأملية، تحدث أثناء الهدنة بين مطاردة وأخرى، خلال استراحات الطريدة عبر الطريق الطويل للهرب -كما هو الحال مثلاً في لقطة في فيلم (الطيور)، عندما تجلس ميلاني أمام المدرسة وتشعل سيجارة في انتظار خروج الأطفال-، لكنه لا يتحمل عمقاً فلسفياً ولا روحاً تأملية طويلة. فعلى الطريدة أن تستأنف سريعاً هروبها،

شاحذة كل تفكيرها في صعوبات وعقبات الطريق، على الإنسان-الطريدة أن يتخطى عوائق الطريق كما يتخطى العداء الحواجز في سباقات العدو واجتياز الموانع. هروب، وهروب فقط، ممزوج بسخرية باردة ميزت كل أفلامه، سواء التي صنعها في إنجلترا، أو تلك التي صنعها بعد الانتقال لهوليوود والعمل في ستيديوهاتها.

أحد المفارقات التأملية النادرة في سينما هيتشكوك نجدها في فيلم (دوار)؛ في مشهد أقدم كائن حي في العالم: شجرة (سكوايا سمبرفايرنس) الموجودة في إحدى غابات مدينة سان فرانسيسكو والتي يبلغ عمرها أكثر من 2000 سنة. تقف كيم نوفاك أمام مقطع عرضي لجذع شجرة نبتت عام 909م ، وتم قطعها عام 1930م . المقطع العرضي عليه علامات توضح توافق تطور نمو الشجرة مع تواريخ بعض الأحداث المهمة في العالم الغربي: توقيع (الماجنا كارتا) 1215م ، اكتشاف أمريكا 1492م ، إعلان الاستقلال الأمريكي 1776م . تشير كيم نوفاك بسبابة القفاز المخملي إلى نقطة على مقطع جذع الشجرة وتقول لجيمس ستيوارت: "هنا ولدت"، ويزحف إصبع الوسطى ليشير إلى نقطة بجوار الأولى وتقول: "وهنا مت". في لحظة تتحول الإشارة الزمانية إلى إشارة مكانية، فيتم الاستدلال على عمر زماني كامل بمسافة مكانية هي المسافة بين إصبعي السبابة والوسطى المتلاصقين؛ كأن ليس ثمة طريقة أخرى للاستدلال على تفاهة زمن حياة الإنسان إلا بفضيحة مكانية صارخة. مفارقة تأملية نادرة تصدر عن بطلة طريدة تستريح قليلاً من عناء الطريق.

تأملات في اللوحة الاستهلالية للمومياء

في إحدى المقابلات الصحفية لشادي عبد السلام، يقول: "إنني أعمل بشكل متواصل، وإن لم أنجح في إيصال عملي إلى الشاشة، فيمكن له أن يصبح كتاباً، أو محاضرات للتدريس. إن عملي حول التاريخ المفقود يظل عملاً يمكن إيصاله للناس، مهما كان الشكل المُستخدم".

وربما تقدم لنا عبارات شادي تلك، أحد المفاتيح المهمة في فهم أسباب تميزه عن باقي سينمائيينا. إن (المومياء) اليوم محل إجماع من النقاد العرب بوصفه أهم وأجمل أفلامنا. وهناك مديح دائم لجماليات الصورة في (المومياء): الكادرات، والتكوين، والتشكيل، وتصميم الملابس والإكسوار. لكن في رأينا أن ما يجعل (المومياء) يستحق تلك المكانة هو شيء أكبر من جماليات الصورة، أكبر من الشكل؛ شيء مستقر أقوى كثيراً من العابر.

ونعتقد أن ما يميز شادي إنما هو الوعي الكثيف والعميق بتاريخنا الحضاري، وبعناصر القوة في حضارتنا، وهو وعي تم استخلاصه عبر قراءات وبحث جاد ومثابر لا ينقطع. فشادي هو فنان من أرومة المخرج الروسي الكبير أندريه تاكوفسكي، الذي كان يطالب نفسه في ممارسته للسينما بنفس شروط الممارسة الدينية؛ من إيمان بالقيم والمعاني التي يصنع أفلامه من أجلها، وصبر ومواظبة على العمل، وإخلاص وتضحية لنوع السينما التي يؤمن بها.

وسنحاول في السطور التالية أن نتأمل في ملمح من ملامح ذلك الوعي، والفهم العميق للتاريخ الاجتماعي، والحضاري، والجمالي لموضوع فيلمه، وذلك من خلال تبين بعض دلالات اللوحة الاستهلالية التي يفتتح بها شادي (المومياء)، حتى قبل نزول عناوين البداية. فعلى صورة قناع تابوت فاقد لإحدى عينيه، ومنزوع عنه الذهب الذي يزينه، تظهر اللوحة الاستهلالية التالية من نصوص (متون التوابيت):

يَا مَنْ تَذْهَبْ سَتَعُودْ

يَا مَنْ تَنَامُ سَوْفَ تَنْهَضْ

يَا مَنْ تَمْضِي سَوْفَ تُبْعَثْ

فَالْمَجْدُ لَكَ

لِلسَّمَاءِ وَشُمُوخِها

لِلأَرضِ وَعَرْضِهَا

لِلبِحَارِ وَعُمْقِهَا

<u>تلخيص للحبكة</u>

بعد اللوحة الاستهلالية، يبدأ الفيلم باجتماع لجاستون ماسبيرو (1846-1916م)، مدير الآثار المصرية، مع بعض علماء المصريات والآثار في المتحف المصري، ومعهم محمد أفندي كمال (1851-1923م)، أول عالم مصريات وآثار مصري. ويبحث المجتمعون موضوع ظهور بعض قطع الآثار المصرية المسروقة، والتي تعود إلى الأسرة الحادية والعشرين، في أسواق الآثار العالمية، وهو ما يؤكد أن لصوص الآثار قد عثروا على مقابر

51

هذه الأسرة. ويتطوع أحمد كمال بالذهاب إلى طيبة (الأقصر) في موسم أجازة المتحف بالصيف، لمحاولة العثور على خيط قد يؤدي إلى كشف اللصوص.

ثم ينتقل الفيلم إلى طيبة، ونشهد جنازة "سليم" زعيم قبيلة الحربات؛ الذي كان يقوم ببيع الآثار المسروقة إلى "التاجر أيوب". ويقوم شقيق سليم بإخبار أبناء أخيه؛ "ونيس" وشقيقه الأكبر، عن سر الخبيئة (أي الآثار التي أخفاها الكهنة المصريون القدماء عن أعين اللصوص، بإعادة دفنها في أماكن سرية). يرفض الأخ الأكبر بيع الموتى ويقرر الرحيل، فيتم قتله بأمر من العم. ويظل ونيس متردداً، غير قادر على حسم أمره، معانياً من ثقل السر الذي عرفه، وفي هذه الأثناء يصل أحمد كمال إلى طيبة، ليتعاون مع الحرس المُكلف بحماية المنطقة، بقيادة الضابط "البدوي بك" (ويُسمُّون جميعاً: الأفندية)، في محاولة لكشف اللصوص وسر المقابر.

من ناحية أخرى، يرفض ونيس إغواء"زينة"؛ التي يجلبها "مراد" (المساعد السابق لأيوب التاجر) لإغواء شباب القبيلة مقابل قطع من الآثار المسروقة، كما يرفض اقتسام الخبيئة مع أبناء عمه، ثم يرفض بيع الخبيئة إلى أيوب التاجر. يكشف مراد لونيس عن سر مقتل أخيه، فيذهب ونيس إلى أفندية القاهرة، ويخبر أحمد كمال والضابط البدوي بمكان الخبيئة. وأخيراً، يستخرج أحمد كمال والبدوي بك الخبيئة بمساعدة الجنود وبعض من "أهل الوادي"(الفلاحين) الموثوق بهم. ويتم نقل الخبيئة إلى السفينة، التي ترحل إلى القاهرة وعلى متنها توابيت 40 من أشهر وأهم فراعين مصر في خمس أسرات؛ من الأسرة 17 إلى الأسرة 21.

إن شادي حين يستدعي قصة خبيئة المومياوات، وحكاية أسرة عبد الرسول وقبيلة الحربات، فإنه في الحقيقة لا يقدم لنا القصة الواقعية تسجيلياً كما حدثت بالفعل، بل يخوض نزالاً فنياً طويلاً مع الحكاية الواقعية، فيضيف ويحذف، ويبتدع خطوطاً درامية، وتخييلات جديدة، تضيف أبعاداً وجودية للقصة، وتحقق هدف الفيلم في نقل "الخبرة" (أي المعاني الكبرى) التي يريد شادي إيصالها إلينا. إن ما وصل إلينا من أوراق شادي، بالإضافة إلى شهادات زملائه وأصدقائه، تؤكد أنه عمل على السيناريو لفترة طويلة حتى وصل إلى شكله النهائي (من بدايات 1965 إلى مارس 1968 وقت تصوير الفيلم)، لدرجة قيامه بتعديل السيناريو ثلاث مرات كاملة، وعلى نحو يختلف اختلافاً بيناً في كل مرة. كان السيناريو الأول تسجيلياً تماماً يُسمى: (دُفنوا مرة ثانية)، ثم أعاد كتابته في دراما كلاسيكية تدور حول قصة حب بين ونيس وزينة، تحت اسم (ونيس)، ثم استقر أخيراً على الشكل النهائي الذي صوَّر به (المومياء.. يوم أن تحصى السنين). إنه نفس الأسلوب الذي كان ينتهجه تاركوفسكي في عمله، والذي كان يمتلك، كشادي، إرادة جبارة في العمل طويلاً على التعديلات والتنقيحات للمادة الخام (السيناريو)، وخصوصاً في فيلمه (المرآة، 1975) الذي أعاد كتابته ثلاث مرات، وفيلمه (الطواف، 1979)، الذي أعاد تصويره ثلاث مرات.

<u>المعاني التي قصدها شادي</u>

يتضح، وحتى من مجرد المشاهدة الأولى، أن (المومياء) يصارع فكرة البعث والإحياء لعناصر القوة في تاريخنا، واستلهام تلك العناصر التي صنعت حضارتنا القديمة، من

أجل الصحوة الجديدة للوعي، والإنطلاق في مسيرة التقدم والحضارة في زمننا الراهن. وبتعبيرات شادي نفسه: "أردت أن أعبر عن شخصية الإنسان المصري الذي يستعيد أصوله التاريخية وينهض من جديد. وأتصور أن الأفلام التاريخية التي أصر على تقديمها، هي نوع من البحث التاريخي بلغة الكاميرا عن هموم وأشواق الحاضر. إنا أرى الحياة في استمراريتها، وإذا أردت أن أرى ما يجري اليوم جيداً، فلا يمكن أن أعزل اليوم عن الأمس، فما نحن فيه اليوم هو نتاج لتاريخنا."

إن اللوحة الاستهلالية في البداية هي دلالة ونبوءة عن ما سيحدث بعد ذلك في الفيلم. ومهمة "الأفندية" في المومياء (ونيس والبدوي الضابط ـ أي الجانب المتنور في الشخصية المصرية ـ، هي نفس المهمة التي كان شادي يضعها على عاتقه هو شخصياً. إن إنقاذ مومياوات الأجداد، الفراعنة العظماء، ليس من أجل إعادة إحياء الأجداد، ولكنه وسيلة لإعادة بعث الأحياء الهائمين الضائعين. إن المعرفة، والوعي بعناصر القوة التي كانت للمصريين القدماء، هي شرط لتحقيق البعث والنهضة لأحفادهم.

فعلى نقيض الكتب الدينية والعلمية التي تبدأ بالتكوين وبداية الخلق، يبدأ (المومياء) بالموت. موت الإنسان (والذي يمكن أن نقرأه بوصفه المكافئ لفوضى الهيولي). الموت الروحي للإنسان الجاهل بتاريخ أسلافه، والذي ينتزع لقمة عيشه ببيع جثث موتاه، وماضيه، وتاريخه. إن الفيلم يبدأ بالنهاية وليس البداية. وينتهي إلى البداية؛ إلى البعث والولادة الجديدة. إن عملية البعث هي عملية خلق، تماماً مثل الانفجار الكبير الذي يؤسس النظام من رحم الفوضى. فقبل الانفجار الكبير لم تكن هناك لا قوانين علم ولا معرفة، لأنها جميعاً تنهار في حالة الهيولي. وببداية حالة الانتظام والاستواء بعد الانفجار الكبير، يبدأ الكون المنتظم كما نعرفه، والزمان كما نعرفه، والحياة الذكية؛ أي الحضارة.

أهمية اللوحة الاستهلالية

الفعل المضارع الذي يهيمن على نبرة اللوحة الاستهلالية يُطالب المُشاهد باعتبار أحداث الفيلم في الحاضر الدائم، وليس في الماضي، بالرغم من أن أصل القصة نفسها تاريخي، أي وقعت في زمن سابق بالمعنى الكرونولوجي. وبسبب الإرادة الواعية لشادي في جعل زمن الفيلم في زمن التكلم سيخلو الفيلم تماماً من أي لقطات للفلاش باك. وهذا الجو المسيطر بالحاضر الدائم يضع الفيلم والأحداث والشخصيات في الديمومة. أما في لوحة النهاية، فإن فعل الأمر (انهض) يسمح لنا بافتراض التمني أيضاً. إن الوعي بالاسم؛ أي بالتاريخ والماضي والأسلاف، هو شرط النهوض.

اللوحة الختامية:

إنْهَضْ

فَلَنْ تَفْنَى

لَقَدْ نُودِيتَ بِإسْمِكْ

لَقَدْ بُعِثْتْ

ويبدو من الحرص على تشكيل النص بدقة أن صانع الفيلم يُطالب المُشاهد بالانتباه الشديد والتركيز المكثف. فتشكيل كل حرف في لوحة المقدمة (والخاتمة) يترك لدينا

الانطباع برغبة الفنان، وإرادته، في أن يحكم الأمور إحكاماً واعياً، وحرصه على تحقيق أثراً معيناً في النفس. إن الأمر مدروس جيداً، وحسابات صانع الفيلم محسوبة حساباً دقيقاً، والفكرة واضحة جلية في ذهنه. ولذلك فإن الفيلم يمسك بالمُشاهد مسكة قوية منذ البداية، ثم يتقدم إلى الأمام وقد سيطرت عليه روح الوحدة والتماسك.

ونحن نعرف بالخبرة أن من طبيعة فنان السينما أنه دائماً ما يسعى لأن يكون في أفضل حالات الوعي في الافتتاحيات، لأنه يكون تواقاً إلى التأثير، راغباً في لفت نظر المُشاهد. وشادي هنا يفتتح الفيلم بنص مكتوب، بالرغم من أنه قد يكون موضع انتقاد من حزب التعبير الدرامي بالصورة. لكنه، وهو العليم بالأهمية الروحية للنصوص في الحضارة الفرعونية (وكذا العربية)، يوفق بعظمة في استخدام وسيلة غير سينمائية للتعبير بأصالة عن فكرته، وفي فيلم هو الأكثر رقياً في تاريخ السينما العربية من حيث جماليات الصورة والتصميم الفني، والتعبير التشكيلي عن المعاني الوجودية للدراما.

إن النصوص المكتوبة في الحضارة الفرعونية لم تكن مجرد وسيلة للقراءة والكتابة، أو لتدوين النصوص الأدبية، والقصائد الرومانسية، أو حتى فقط لنقل "الخبرة" وتقديم الحكمة والرسائل الأخلاقية والتعليمية عبر نصوص الحكايات، والحكم والوصايا، ولكنها كانت، في الأساس والأهم، تعبر عن قوة روحية ودينية لم يعرفها أي نظام كتابة آخر. والنصوص المكتوبة التي وصلتنا من (كتاب الموتى) و(متون الأهرام) و(متون التوابيت) هي أدلة على قوة اعتقاد المصري القديم في قدرة النصوص الكتابية على تقديم العون والمساعدة للمتوفي، لدرجة أن محو الاسم المكتوب للشخص، لا يمثل فقط محواً لذكرى الميت، ولكنه محو لوجوده الأبدي. والنص الاستهلالي للفيلم يوحي لنا بأنه يعمل كما لو كانت له هذه القوة نفسها. وسرعان ما سيحتشد له باقي الفيلم بالصدى والتكرار، وعلى نحو يعزز قوة النص الاستهلالي في الافتتاحية، حتى أنه يستحيل حذف اللوحة الاستهلالية (والختامية) من دون أن يفقد الفيلم الكثير من معناه.

ومع ذلك فإن شادي يختار اللغة العربية الفصحى، عن قصد وتصميم، لكتابة النصين الاستهلالي والختامي، ولم يختر مثلاً اللغة الهيروغليفية، مع إرفاق ترجمة عربية مصاحبة لها. بالرغم من أنه لو فعل لأعطى تأثيراً أقوى من الناحية التسجيلية. لكننا نعلم أن اهتمام شادي في (المومياء) لم يكن التسجيل، وتشهد على ذلك الفروق السردية الضخمة بين المادة الخام للفيلم (السيناريو)، والمادة الخام للواقع (حادثة خبيئة الأقصر وأسرة عبد الرسول). إن اختيار شادي للغة العربية الفصحى ليعبر بها عن معاني الفيلم المتضمنة في النصين الاستهلالي والختامي، علاوة على اختياره لها، وليس اللهجة المصرية، لغة للحوار بين الشخصيات، يسمح لنا بالقول بأنه لم يكن من الشوفينيين الذين يؤمنون بالطلاق بين الحضارتين الفرعونية والعربية، وأن نهضة مصر لن تتحقق إلا بتبني الأولى ونبذ الثانية. وهو موقف ليس مستغرباً من فنان عاش مشغولاً ومسكوناً بالفنون البصرية والتشكيلية. فنحن نعرف من الخبرة أن معظم الفنانين التشكيليين المصريين يؤمنون فطرياً بتكامل الحضارتين الفرعونية والعربية، ويحملون إجلالاً للاثنتين. فمجال الفنون التشكيلية يُعرِّف الفنان على أقوى وأجمل عناصر الحضارتين، فيعز عليه الانحياز، ويتوق فطرياً إلى

التكامل. فما بالك وإن كانت الفطرة السليمة للفنان مدعومة بثقافة عميقة للتاريخ الحضاري والفني لأمته. وفي السيرة الذاتية لشادي، وفي تصاميمه الفنية، ما يسمح لنا بالاعتقاد بأنه كان فخوراً بالحضارتين، تواقاً إلى تكاملهما، مؤمناً بأن البعث الحضاري لأسس قوة الحضارة الفرعونية، من شأنه أن يكون مصدراً للنهضة العربية الشاملة.

<u>لماذا الخط الكوفي؟</u>

اللوحتان الافتتاحية والختامية مكتوبتان بخط كلاسيكي يغلفه الوقار، ويحترم الموضوع والأجواء والقضية. والخط المستخدم مُصمَّم اعتماداً على السمات الجمالية لأقدم الخطوط العربية وأجملها: الخط الكوفي المصحفي على طراز المشق. ولكي نحاول تفسير اختيار الخط الكوفي في هذين الموضعين الهامين بالفيلم، ودلالة الإرادة الواعية في الاختيار، ونتأمل في ما تعكسه من وعي للفنان بالقيم الجمالية للحضارتين الفرعونية والعربية، نحتاج أولاً إلى إشارات سريعة إلى تاريخ الخط الكوفي وتطوره.

كانت الخطوط في الجزيرة العربية في البدء تُكتب بنوعين: مبسوط هندسي (وتطوره الأرقى هو الكوفي)، ويتميز هذا النوع بالهندسية، والتربيع، والزوايا المستقيمة، وقلمه المسطح هو أصل الأقلام العربية. والنوع الآخر هو المقور اللين (وتطوره الأرقى في خطوط النسخ، والثلث، ثم النستعليق.. إلخ)، وحروفه تميل إلى اللين، والميل، والاستدارة.

والكلام في أصول الخط الكوفي كثير ومتشعب، ولكن يمكن تلخيص تطوره، وفقاً للأقوال الموثوقة في كتابات المؤرخين العرب (ومنهم: أبو حيان التوحيدي في "علم الكتابة"، وابن خلدون في "المقدمة"، والألوسي في "بلوغ الأرب"، و"خطط" المقريزي، و"تحفة أولي الألباب" لابن الصائغ)، وكذا ما اطلعنا عليه من الكشوف الأجنبية الحديثة للنقوش القديمة في المنطقة العربية، إلى أن أصل الخط الكوفي كان الخط الحجازي (المكي اليثربي)، المأخوذ عن الخط الحيري، عن النبطي، عن الحميري، عن المسند، عن الفينيقي، المأخوذ عن خط طور سيناء؛ والذي بات معلوماً الآن أنه أصل الأبجدية العربية، والعبرانية، والبهلوية، واللاتينية، والكثير من الأبجديات الأخرى.

ولذا فإن الخط الكوفي أقدم من اسمه. فهو أقدم من مدينة الكوفة التي بُنيت في عهد عمر بن الخطاب عام (18هـ/ 639م) قرب الحيرة والأنبار. وقد سُمي بالكوفي أيام كانت الكوفة مركزاً إدراياً وسياسياً للدولة العربية، ومقراً لخلافة الإمام علي بن أبي طالب، والذي كان هو نفسه يكتب بالخط الكوفي، ويشجع على كتابته، وكذلك الإمامين الحسن والحسين. ففي الكوفة بدأ هذا الخط في الترقى تدريجياً، وأدخلت عليه التحسينات؛ ومنها التنقيط والتشكيل الذي بدأ بإدخاله أبو الأسود الدؤلي بطلب من الإمام علي بن أبي طالب، ثم تبعه تلميذيه النابهين؛ نصر بن عاصم الليثي، ويحي بن يعمر العدواني. وأصبح الخط الكوفي هو المعتمد في تدوين القرآن، والحديث، ونسخ الكتب، وتزيين المساجد، والقصور، وكتابات الدواوين، ورسائل الحكام وتوقيعاتهم. ومن الكوفة أيضاً انتشر واشتهر، لدرجة أنه حين حلت العربية محل القبطية في مصر مثلاً، واحتفظ بعض أهلها باللغة القبطية، كتبوها بالخط الكوفي.

وأكثر ما يعنينا في تاريخ تطور الخط الكوفي هو أنه بلغ أوجه في العصر الأموي (41-132هـ / 661-750م)، والعصر العباسي الأول (132-232هـ/750-847م)، وأصبح

ينتشر مع انتشار الدولة إلى باقي الأمصار، فيحل في الكتابة محل خطوطها القومية، معبراً عن قوة الدولة العربية، وعن الشخصية العربية الجديدة.

واستمر الخط الكوفي هو الخط الأساس في الكتابة العربية، حتى في العصر الفاطمي (300-567هـ/913-1171م)، ولم تسعَ الدولة الفاطمية (الشيعية) إلى فرض أنواع أخرى من الخطوط لتعبر عن شخصيتها الجديدة، ولا حتى في المكاتبات الرسمية في دواوينها. لكن الأمر اختلف مع خلفائهم الأيوبيين (567-657هـ/1171-1260م) -والذين أعادوا المذهب السني محل الشيعي_، حيث شهد عصر الدولة الأيوبية الاعتناء بخط النسخ على حساب الخط الكوفي، ومحاولة نشره في البلاد العربية التي وقعت تحت سيطرتهم. لكن الخطوط الكوفية ظلت مع ذلك تصارع رأساً برأس الخطوط الرسمية في الدواوين، وظلت هي المفضلة للخطاطين في الكتابة، وتزيين المساجد والقصور. ولم يحد من نموها وانتشارها إلا الاحتلال العثماني للبلدان العربية، حيث عملت الدولة العثمانية (698-1341هـ/1299-1922م) على فرض شخصيتها الجديدة (حتى في الخطوط) على المجتمعات العربية، ففرضت الخطوط التي هي من أصل عثماني (الديواني، والطغرا، والرقعة، والياقوتي، والقرمة..إلخ) على الكتابة العربية، كما شجعت أيضاً أنواع الخطوط اللينة الأخرى (ومعظمها من أصل فارسي) الصالحة للكتابة السريعة في الدواوين والمراسلات الرسمية التي تضخمت (الحاجة إلى سرعة الكتابة، والربط أكثر بين الحروف، على عكس الكوفي الذي يحتاج إلى التمهل والاعتناء والدقة والركوز). وكانت الضربة القاضية للخط الكوفي في عملية نقل كبار أساتذته وأمهرهم إلى الآستانة، _فيمن نقلوا من الحرفيين والفنانين والصناع العرب لبناء الآستانة_ فحُرمت الكتابة العربية من جهودهم، وتم استخدامهم هم أنفسهم ليسهموا في تطوير الخطوط العثمانية الجديدة، وباقي الخطوط اللينة.

إن شادي حين يختار الخط الكوفي، يختار أول وأقدم خطوط الكتابة العربية، وواجهة القوة في الحضارة العربية، وسفيرها إلى العالم، ولا يختار خطاً من الخطوط التي طورها أو ابتكرها الفنانون على هوامش المركز العربي؛ كخطوط التعليق والنستعليق والمكسر الإيرانية، أو خطوط الرقعة والديواني والطغرا التركية. إن الخط الكوفي يحمل الرسالة التي أرادها شادي، كما حمل من قبل صورة القوة في الحضارة العربية في أوجها.

ويجدر بنا أن نلاحظ أن شادي حين يختار الكتابة بالخط الكوفي، يختار النمط الأرقى منه (وهو أكثر من 70 نوعاً وشكلاً)، والصالح للكتابة العادية (وليس الكوفي المزهر، أو المورق، أو المشجر، أو المغربي، أو المعماري، أو المضفور، مثلاً، أو غيره من الأشكال الصالحة للزخرفة وتزيين واجهات المساجد والقصور). بل يختار الكوفي المصحفي بأسلوب المشق (والمشق هو أحد أنواع الأقلام التي يُكتب بها الخط. ويعني في اللغة: جذب الشيء ليمتد ويطول. ومَثَقَ الخط أي مدَّ حروفه). وهو نفس النمط الذي يُذكرنا بالمخطوطات في العصرين الأموي والعباسي الأول؛ بعد اختراع التنقيط والتشكيل. والمدهش، والذي يؤكد الإرادة الواعية، والقصدية في اختياراته، هو إحجامه عن الفصل ما بين الجمل في الفقرة المكتوبة: بالفصلة، أو الفصلة المنقوطة، أو النقطة، أو النقطتين،

أو علامة التعجب، أو غيرها من علامات الترقيم. ونحن نعلم أن علامات الترقيم قد دخلت الكتابة العربية بعد فوز الخطاط المصري محمد أفندي محفوظ عام 1928م، في مسابقة بين الخطاطين، أقيمت بناءًا على رغبة ملك مصر السابق أحمد فؤاد الأول (1868-1936م)، بغية إرشاد القارئ العربي أثناء القراءة، على غرار ما هو معمول به في الكتابات اللاتينية، وهو ما عممته وزارة المعارف العمومية المصرية على مدارسها عام 1930م. إن شادي هنا يهمل هذا التطور "الجديد" في الكتابة، ويحافظ على الخط الكوفي كما كان يُكتب في عصر القوة العربية، تأكيداً للمعنى الذي أراده.

الانسجام مع القيم الجمالية الفرعونية

تأبى الغريزة الفنية لشادي إلا أن تقتدي بالفنان المصري القديم في أسلوبه الفني، حين كان يختار تصوير موضوعاته على نحو تكون معها في ريعان الصحة والقوة والجمال. فنحن نعلم أن أسس الفن المصري الفرعوني ظلت ثابتة لأكثر من ثلاثة آلاف عام، محتفظة بهوية أصيلة ومميزة. وقد كان النحات، مثلاً، يعتقد أن تمثال الشخص هو مسكن دائم لروحه، وعلى صورة ذلك التمثال إنما يُبعث بعد الموت. ولذلك حرص على نحت الإنسان على الصورة التي يرغب في تخليد نفسه فيها. أي وهو في ريعان الصحة والقوة والجمال، وبالنسب القياسية لجمال الشكل الإنساني؛ فيظهر الرجال بصدور عريضة وقوية، وتظهر السيدات نحيفات وذوات سيقان طويلة (وتمثال نفرتيتي هو نموذج للمثالية في نسب الجسد الإنساني). ومن النادر أن نعثر في الفن الفرعوني على رسم أو منحوت يُصوِّر التقدم في العمر، أو البدانة، أو الضعف الجسدي، أو الانحراف عن المثالية في الجمال، لدرجة أننا نعرف الفرق، مثلاً، بين زوجة صاحب المقبرة وأمه من التعليقات الهيروغليفية المصاحبة للرسم، لا من الرسم نفسه.

واقتداءً بهذا الأسلوب الفني، فإن شادي يكتب لوحة البداية (والنهاية) بأكثر الخطوط العربية تعبيراً عن الصحة والقوة والجمال: الخط الكوفي المصحفي بقلم المشق مع التشكيل. إنه نفس ما كان العربي يكتب به مخطوطاته ونصوصه في أوج قوة الدولة العربية؛ أي في العصرين الأموي والعباسي الأول. صحيح أن فكرة "العصر الذهبي" للحضارة العربية هي فكرة ذهنية أكثر منها حقيقة تاريخية، بمعنى أنها تجميع لعناصر القوة في الدولة العربية في عهود شتى؛ فيجمع "العصر الذهبي"، مثلاً، بين: العدالة في عصر عمر بن الخطاب، والازدهار الاقتصادي في عهد عمر بن عبد العزيز، واتساع الدولة في العصر الأموي، وازدهار الفنون والآداب في العصور العباسية، والتلاقح الحضاري في الأندلس، ونبوغ جابر بن حيان في الكيمياء، وابن الهيثم في الفيزياء، وابن سينا والرازي وابن النفيس في الطب، وابن خلدون في علم الاجتماع، والموصلي وزرياب في الموسيقى، وموسوعية الفارابي والبيروني..إلخ. ورغم ذلك، يتجه الذهن العربي، عند ذكر مفهوم "العصر الذهبي"، إلى كلا العصرين الأموي والعباسي الأول، حيث كانت الدولة العربية في أوج قوتها، واتساعها، وكانت الخلافات والتناحرات البينية مُحجَّمة، وتحت سيطرة مركز واحد قوي، قادر على حسم الأمور، وفرض توجهات وسياسات عامة واحدة.

أما القناع الذي نراه في خلفية النص الاستهلالي، الفاقد لإحدى عينيه، والمنزوع عنه ذهبه على نحو مؤسف (إشارة لما فعله الآباء بالأجداد، وينتظر الإنقاذ والبعث على أيدي الأحفاد)، فهو قناع لأحد التوابيت من العصر الوسيط؛ أزهى عصور الحضارة الفرعونية. ونحن نعلم أن الحضارة المصرية القديمة تُقسَّم لدى الباحثين إلى: العصر القديم المبكر، والوسيط، والمتأخر، فالديموطيقي، ثم القبطي. وعلى ذلك يكون وعي الفنان لدى شادي قد جمع ذروة الفنين الفرعوني والعربي في افتتاحية الفيلم: القناع من فن العصر الوسيط الفرعوني، والخط الكوفي في أوج قوة الدولة العربية.

إن هذا المزج الفني بين أقوى ما في الفرعوني والعربي، هو صدى للحظة القوية التي امتزجت فيها الحضارة المصرية القديمة بالحضارة العربية بعد الفتح العربي؛ تلك اللحظة التي كانت فيها الحضارة العربية تسعى للاستنارة، بعد أن زالت عنها مشاعر الرهبة والدهشة التي ترافق الاحتكاك الأول بين حضارة وأخرى، والتي أعقبها النهل بشغف من "خبرات" الحضارات الأخرى في الآداب، والفنون، والفلك، والرياضيات، والطب، والجغرافيا. يُقال أن هارون الرشيد (149-193هـ/ 766-809م) كان يدفع للمترجمين العرب الذين يترجمون النصوص الإغريقية إلى العربية وزن ما يترجمونه ذهباً خالصاً.

<u>فيلموجرافيا</u>

ولد شادي عبد السلام في الأسكندرية عام 1930، وتخرج من قسم العمارة بكلية الفنون الجميلة بالقاهرة عام 1954. بدأ حياته السينمائية مساعداً لمصمم الديكور والملابس ولي الدين سامح، ومساعداً للإخراج مع صلاح أبو سيف وهنري بركات، ثم عمل في تصميم الديكور والملابس، بأسلوب خاص يميزه، في عدد من الأفلام المصرية مثل: (عنتر بن شداد، 1961)، (وا إسلاماه، 1962)، (ألمظ وعبده الحامولي، 1962)، (شفيقة القبطية، 1963)، (رابعة العدوية، 1963)، (الناصر صلاح الدين، 1963)، (أمير الدهاء، 1964)، (بين القصرين، 1964)، (السمان والخريف، 1967). عمل أيضاً في تصميم الديكور والملابس، والاستشارات الفنية في أفلام أجنبية مثل: (فرعون، 1966) للمخرج والسياسي البولندي جيرزي كافاليروفيتش، وسلسلة الحلقات التسجيلية (صراع الإنسان للبقاء، 1967) التي كتبها وأنتجها للتليفزيون الإيطالي المخرج روبرتو روسيليني. يعد (المومياء: يوم أن تحصى السنين) هو الفيلم الروائي الطويل الوحيد لشادي عبد السلام، ويصنفه النقاد دائماً كأفضل فيلم في تاريخ السينما المصرية والعربية. توفي شادي في القاهرة عام 1986، قبل أن يتحقق مشروعه الروائي الطويل الثاني (أخناتون.. مأساة البيت الكبير).

<u>قام بصنع 7 أفلام روائية وتسجيلية:</u>

- الروائي الطويل (المومياء.. يوم أن تحصى السنين، إنتاج 1969، عُرض في 1975)،
- الروائي القصير (الفلاح الفصيح، 1970)، عن بردية "شكاوى الفلاح الفصيح"،
- التسجيلي (آفاق، 1972)، عن مظاهر النشاط الثقافي والفني في مصر المعاصرة،
- التسجيلي (جيوش الشمس، 1974)، عن عبور الجيش المصري في حرب أكتوبر 1973،
- التسجيلي (كرسي توت عنخ آمون الذهبي، 1982)،

ـ التسجيلي (الأهرام وما قبلها، 1984)،
- 1986 ،التسجيلي (عن رمسيس).

سرجيو ليوني.. ما وراء الخير والشر

في مشهد صحراوي تختلط فيه النكهة الأمريكية بالمكسيكية، وفي مزاوجة ما بين اللقطات الواسعة للشاشة العريضة واللقطات القريبة التي تركز على تفاصيل الوجه البشري؛ يدخل راعي البقر صائد الجوائز المتوحد مع نفسه، والذي لن نعرف اسمه مطلقاً، يدخل على حصانه رفيق دربه، بقبعته العريضة الحواف، ومسدسه السداسي الطلقات، وذقنه الغير حليقة، وبعينيه المثبتتين في الأفق البعيد، وبتضاريس سحنته المكافئة لقسوة الصحراء؛ غضون وأخاديد وجراح، جديرة براعي بقر رحال. تمهد لدخول راعي البقر وتصاحبه موسيقى الموسيقار الإيطالي إنيو موريكوني التي هي ليست موسيقى تماماً؛ وإنما مزيج من أصوات غير معتادة في التأليف الموسيقي الفيلمي: أصوات طلقات نارية ومدافع، فرقعات سياط في الهواء، صهيل خيول، تكتكات عقارب ساعة، دندنات للحن الأساسي أو أحد هرمونياته، همهمات فردية وكورالية، أما جلال الموسيقى الأوركسترالية ومهابتها، والتي يمزجها موريكوني بآلات إليكترونية فردية، فيدخرها ليوني للمواجهة الأخيرة بين راعي البقر وخصومه.

ما سبق هو بعض من أشهر العناصر الأسلوبية للمخرج الإيطالي الكبير سرجيو ليوني في خماسية الويسترن سباجيتي التي صنعها: (من أجل حفنة دولارات)، (من أجل مزيد من الدولارات)، (الطيب والشرس والقبيح)، (حدث ذات مرة في الغرب)، (مهرجان الديناميت). والويسترن سباجيتي هو اصطلاح أطلقه أحد النقاد الإيطاليين على الأفلام التي كانت تُنتج في إيطاليا في خمسينات القرن الماضي، وتحاول محاكاة أفلام رعاة البقر الأمريكية، كانت أفلاماً تافهة بميزانيات تافهة، تحاول استثمار نجاحات الويسترن على نحو بائس. لكن ليوني وصل بهذه النوعية إلى مصاف الأفلام الفنية الخالصة وروعتها، ومن بعده للأسف انحدرت الويسترن سباجيتي انحداراً يرثى له، حتى لفظت أنفاسها.

الأسلبة التي عرفناها في أفلام ليوني عن الغرب الأمريكي تشمل أيضاً ندرة الشخصيات النسائية. حتى النساء القليلات في سينماه هن إما عاهرات جميلات من ذوات الشعر الأحمر والعيون الزرقاء، أو ربات منازل مغلوبات على أمرهن. الجمعيات النسائية الأمريكية، والمدافعات عن حقوق المرأة، وناقدات السينما، لم يفوتن الفرصة للهجوم الشرس على أفلام ليوني التي تستبعد المرأة من الفعل، وتشيئها كسلعة. لا يكاد يخلو فيلم لليوني أيضاً من: لقطات لوجوه مجدورة لمرتزقة ومجرمين، أعين متوحشة خائفة كما لو كانت تتوقع تلقي رصاصة في أي لحظة، لقطات لحشر قطعة صابون أو خشب أو آلة هارمونيكا في فم أحد الشخصيات، لقطات لسحب المسدسات بسرعة وحذق، وإصابة اثنين من الخصوم بطلقة واحدة من راعي بقر يجيد التصويب ببراعة فائقة، وطيران القبعات عن الرؤوس بطلقات نارية، وإصابة نفس الثقب من القبعة مرتين بطلقتين متتاليتين؛ مبالغات محببة أقرب لروح الكوميديا يقبلها الجمهور من ليوني ولا يقبلها بسهولة من غيره.

لكن ربما تستوجب مساحات الصمت الطويلة في أفلامه بضع كلمات إضافية. فكيف يمكن لفيلم عن الغرب الأمريكي وعن رعاة البقر، عن المطاردات والإثارة، وعن النزالات والمواجهات؛ كيف يمكن لفيلم من هذه النوعية أن يحمل مساحات طويلة من الصمت؟! هل الصمت عند ليوني هو صمت المعرفة الزائدة، صمت الحكمة، صمت التعالي؟! أم هو الصمت الصوفي التأملي؟! أم هو صمت الترقب والتشويق كما في مشهد انتظار كاري جرانت في الصحراء في فيلم هيتشكوك الشهير (الشمال عبر الشمال الغربي، 1959)؟!

لا تحمل مساحات الصمت الطويلة في أفلام ليوني مغزى واحداً مكشوفاً، بل تحمل مجموعة مركبة من المغازي المُغلَّفة، وإن كانت تصدر كلها عن مصدر واحد يضفي عليها طابعاً عاماً هو التشاؤم حيال وضع الإنسان ومصيره. صحيح أن ليوني كثيراً ما يستخدم الصمت استخداماً درامياً لتعظيم قدر الخطر؛ كما في مشاهد المواجهات الأخيرة بين البطل وخصومه؛ حيث تحسم المصير مهارة استخدام المسدس، وكمثل المشهد الطويل الذي يصل فيه "الشرس" في (الطيب والشرس والقبيح) إلى منزل العائلة التي يريد الحصول من ربها على معلومات تهمه عن الكنز المدفون في الصحراء، ثم يبيد جميع أفراد العائلة فيما بعد. إن ليوني في هذه المشاهد يستخدم الصمت كعامل لزيادة الإحساس بالخطر، ولمزيد من خلق التوتر، كما وأنه يعمل هنا على إضفاء الجلال والمهابة على طقوس استخدام القوة؛ وهو ما يؤدي إلى الربط بين الصمت والقوة القاهرة؛ وكأن هناك تناسباً طردياً بينهما؛ ويُعظم من ذلك أيضاً بأن يعمل عكس مبدأ الاختزال في المونتاج السينمائي؛ أي يطيل زمن المشهد الذي تستعد فيه القوة لإظهار جبروتها (والصمت الذي يرافقها) بأطول كثيراً من الزمن الفعلي الذي يستغرقه الحدث في الواقع.

لكن أحياناً ما يكون الصمت عند ليوني هو صمت الفراغ الذي يلتهم العالم والشخصيات، خصوصاً إذا ما تُركت برهة لنفسها أو لضجر الانتظار. على سبيل المثال، في اللقطات الممتدة لفضاء الصحراء الخاوي، أو في افتتاحياته الطويلة؛ كافتتاحية (حدث ذات مرة في الغرب)، على سبيل المثال. يعمل الصمت هنا ككاشف لخواء العلاقات بين الشخصيات؛ حتى بين أفراد العُصبة الواحدة، والمكونة من أصول عرقية مختلفة. إنهم لا يتبادلون حرفاً أثناء انتظارهم لوصول ضحيتهم بالقطار (تشارلز برونسون)، ولا وجود هنا لأي اتصال بينهم؛ وكأنهم جزر معزولة عن بعضها البعض، رغم أن المرتزقة الثلاثة تجمعهم مهمة واحدة. لذلك يحاولون قتل الضجر أثناء الانتظار بأفعال عبثية كوميدية (حبس ذبابة داخل فوهة المسدس، اللعب مع قطرات الماء المتساقطة على الرأس ..إلخ). هذا هو الأساس في العلاقات بين الشخصيات عند ليوني: الصمت والبرود. بل إن الحوار القليل المُركز الأشبه بالتصريحات الجازمة والبليغة في سينماه يأتي كما لو أنه هو الاستثناء؛ كما لو أنه رثاء للصمت. نتذكر هنا قول القبيح (توكو) لضحيته في (الطيب والشرس والقبيح): "عندما يتوجب عليك إطلاق النار، أطلق، لا تتكلم!"

ليوني في مساحات صمته الطويلة يحاول أن يلتقط الحقيقة الخالدة بالتركيز على الصمت ما بين حدثين متتاليين؛ إنه يحاول أن يستنطق العالم ليبوح بالحقيقة الأزلية: الخواء. إن امتدادات الزمن الملحوظة في اللقطات الطويلة لفضاء الصحراء مثلاً تعطي ثقلاً هائلاً

لصمت الصحراء وجمودها، وتذكرنا بلقطات الردهات الخاوية التي يترك ياسوجيرو أوزو الكاميرا تسجلها حتى بعد عبور الشخصيات للتأكيد على الفراغ والعدم؛ للتأكيد على أن هذه هي الحقيقة الكبرى للعالم. ألا يستخدم ليوني الصحراء بنفس استخدام أوزو للردهات في أفلامه؟! إن صحراء ليوني هنا تبدو كما لو كانت هي أيضاً مكاناً للترانزيت؛ يعبرها راعي البقر، ويغادرها سريعاً؛ إنها المكان الذي يحفل بالآمال الزائفة للثروة والسعادة، لكن ما يبقى في النهاية هو الصحراء نفسها؛ هو الخواء نفسه، هو مكان الترانزيت نفسه، والذي يكسبه الصمت بروداً زائداً مضاد للعاطفية التي عودت أفلام الويسترن الهوليوودية المُشاهد عليها.

البطل المفضل لدى ليوني أيضاً هو بطل صامت؛ عديم الاسم وصامت. ويبدو صمته كما لو أنه قد توصل بنوع من المعرفة الفطرية إلى عبثية الحياة وهشاشتها، هو نوع خاص بدائي من النضج القائم على التجربة والترحال الطويل في الصحراء_الترانزيت، ويحدث في زمن سابق على زمن الفيلم. لذلك يندر أن يستجيب البطل عاطفياً لأي حدث، قد نلمح تعاطفاً متحفظاً منه تجاه أحد، لكنه تعاطف يبقى معلقاً في خواء الصحراء؛ هو تعاطف القوي تجاه الضعيف، لكنه أيضاً تعاطف من يعرف أن الظلم هو ظلم هيكلي ولن يجدي شيئاً تدخله هو شخصياً. وربما لذلك يرد له العالم هذا التعاطف، فلا يناله القانون. صحيح أن بطل ليوني أنضج من أن يخرج عن القانون، وهو في نفس الوقت أزهد من أن يحاول تغيير القانون (الخارج عن القانون هو إما ثائر يرغب في تغيير القانون، أو مجرم يرغب في أن يصبح استثناءً من تطبيق القانون)، لكن مع ذلك يرتكب راعي البقر مخالفات قانونية (سواء في زمن الفيلم نفسه، أو في زمن سابق على زمن الفيلم)، وبرغم ذلك يغض القانون الطرف عن مخالفاته؛ وكأن القانون هنا يستعمل ضميره لا منطوقه في التفرقة بين الطيب والمجرم.

إذا كان هذا هو الحال مع الطيب في (الطيب والشرس والقبيح)، فما بال حال "القبيح" و"الشرس"؟! ألا ينجوان هما أيضاً من عقاب القانون؟! يعلم المُشاهد أن كلاهما قد ارتكب مصائب وأهوال وقتل وسلب واغتصاب في الزمن السابق على زمن الفيلم، فضلاً عن ما نشاهده بأعيننا في زمن الفيلم نفسه. فما بال القانون لا ينالهما بالعقاب؟! هل القانون في سينما ليوني للضعفاء فقط؟! هل القوة أعلى من القانون؟! إن القانون نفسه يستخدم كعامل سخرية، كلعبة لزيادة الربح. يتفق الطيب مع القبيح على تسليم الأخير للسلطات لإعدامه، على أن يقبض الطيب مبلغ المكافأة ويقتسمه مع القبيح. وعند تنفيذ العقوبة، يحرر الطيب القبيح من حبل المشنقة ويفران، فتتضاعف قيمة المكافأة المرصودة لرأس القبيح، فيعيد الطيب تسليمه للسلطات مرة أخرى ليقبض المكافأة المضاعفة، ثم يحرره من جديد، ويتكرر الأمر على هذا النحو عدة مرات. إلى أن يحجم الطيب في النهاية عن تكرار اللعبة بعد أن وصل ثمن رأس القبيح إلى أعلى سعر ممكن. وهو ما يثير التساؤل عن كون "الطيب" طيباً بحق، ويثير السؤال: على أي مقياس صنّف ليوني كلنت إيستوود "طيباً"؟!

اعتبر القبيح أن الطيب قد خانه بتخليه عنه وعن لعبتهما المشتركة المثمرة مالياً، فبدأت لعبة القط والفأر بينهما، وحين تمكن القبيح من الفرصة، راح يعذب بلوندي (الأشقر) في مشاهد طويلة بالفيلم. لكن، هل كان تعذيبه للطيب يحركه الحقد والضغينة العاجزة؟! ألم يكن،

على العكس، حافلاً بالمتعة للقبيح، كمتعة الدائن الذي يعذب جسد المستدين في العصور القديمة؟!

في الحضارات القديمة: اليونانية، والرومانية، والعربية، والجرمانية، واليابانية، والاسكندنافية، كان على المستدين ـفي حالة عدم وفاءه بالدين ـ أن يعوض الدائن بشيء من الأشياء الأخرى التي يملكها: جسده، أو حريته، أو امرأته، أو حتى حياته نفسها. وكان من حق الدائن أن يعذب جسد المستدين؛ كأن يقطع منه هذا الجزء أو ذاك مما يبدو له متناسباً مع أهمية الدين. لكن ما أهمية التعذيب الجسدي إن لم ينل معه الدائن التعويض عن ماله الذي ضاع؟! كانت المعادلة التي توصل إليها الإنسان القديم حينذاك تقوم على الأساس التالي: بدلاً من تقديم شيء نافع ومفيد (في صورة نقد أو عقار أو زوجة)، يُمنح الدائن متعة ممارسة قوته البدنية على كائن عاجز عن المقاومة، وكلما كانت مرتبة الدائن في السلم الاجتماعي منخفضة عن مرتبة المستدين، كانت متعته في تعذيب الأخير أكثر تأججاً وتوقداً؛ وكأنه هنا يتذوق طعم المرتبة الاجتماعية الأعلى.

أليس هذا بالضبط هو حال تعذيب توكو لبلوندي؟! ألا يتذوق القبيح هنا ذلك الشعور الذي يتولد عن تعذيب الأدنى مرتبة للأعلى مرتبة، وكأنه نوع مؤقت من تبدل مراكز القوة والتفوق؟! فالمرتبة والوضع الاجتماعي للقبيح في الغرب الأمريكي على تضارب واضح مع وضع الطيب؛ الأقوى والأرقى والأشجع والأنبل، والذي يمثل أرستقراطية البداوة لدى رعاة البقر في تلك الحقبة (وهي حقبة متخيلة في ذهن ليوني على كل حال، أكثر منها حقبة حقيقية، فالجزء الخيالي فيها أبعد كثيراً عن التاريخ الفعلي للغرب الأمريكي). ورغم ذلك، لا نكاد نلمس في طقوس إلحاق الألم التي يمارسها القبيح على ذلك الوحش الأشقر الجميل، لا مشاعر ضغينة عاجزة، ولا حسد كريه، بل يتم التعذيب في شكل احتفالي، كأنه مهرجان من البهجة للاحتفال بهزيمة العدو.

لذلك، وبقدر ما تنتابنا كمشاهدين مشاعر القلق على مصير كلنت إيستوود، ونتطلع إلى الدقيقة التي ينجو فيها من قدره المحتوم فيتخلص من القبيح، إلا أننا في الحقيقة لا نكره القبيح ولا نحتقره ولا ننقم عليه. بل أظن أن جزءًا من رهان ليوني هنا كان أن يتذوق المُشاهد ولو قليلاً من مشاعر اللذة التي تجتاح القبيح في تعذيبه للطيب، كمثل اللذة التي كان يجدها قديماً جمهور التراجيديات العظيمة في مشاهدة آلام الأبطال على المسرح، وكمثل اللذة التي يجدها الجمهور الحديث في مشاهدة من يتم تعذيبهم نفسياً في برامج الكاميرا الخفية.

المحرك الدائم للشخصيات في أفلام ليوني هو المال؛ إنه المحرك الذي لا يتحرك؛ إنه المتمكن في استبداده وغموضه. لا فرق هنا بين الطيب والشرس والقبيح، ولا بين الأطفال والشباب والشيوخ، ولا بين رجال القانون والخارجين عنه؛ فالجميع يتحركون وراء المال، في نفس الوقت الذي يتمتعون فيه جميعاً بامتياز راحة الضمير، وكأن ممارسات السلب بحد ذاتها لا يمكن أن تكون أمراً "ظالماً" أو "شريراً"؛ فالبقاء للأقوى، والقوة مطالبة بأن تتجلى بما هي عليه قادرة: أن تكون إرادة إخضاع وانتصار. في سينما ليوني القوي ليس له إرادة حيادية؛ أي لا يعود له الخيار في إظهار قوته أو عدم إظهارها؛ كمثل السبع الذي لا يملك

إلا أن ينقض على الحمل، ويظل مع ذلك بريئاً، لا يشعر بالذنب ولا الإثم، كما لا يشكل ذلك أيضاً سبباً في حقد الحمل على السبع المفترس.

في أخلاقيات سينما ليوني أيضاً: الضعف ليس "جدارة"، ولا يتجمل الجبن فيُمسي "صبراً"، ولا العجز يصير "صفحاً عن الإساءة". إن ليوني يحطم منظومة القيم الكلاسيكية التي قامت أفلام الويسترن في هوليوود بزرعها في نفوس المشاهدين. لا يمكن أن يكون بطلاً لدى ليوني جيمس ستيوارت مثلاً (رجل القانون الرافض لممارسة العنف) في فيلم جون فورد (الرجل الذي قتل ليبرتي فالانس، 1962)، ولا كلنت إيستوود نفسه ورفاقه في فيلمه (لا غفران، 1992). لذلك نظرت إليه هوليوود دائماً نظرة شك وكره، بالرغم من النجاحات التجارية الكبيرة التي حققتها أفلامه، وربما لذلك أيضاً ظل هو من جهته لا يصور أفلامه على أرض هوليوود، ولا حتى في الولايات المتحدة بأسرها، محافظاً على خياله الشخصي الخاص عن تاريخ الغرب الأمريكي، ومنظومة قيم الويسترن الخاصة به التي يحقنها في أفلامه.

في سينما ليوني، العلاقات تشبه العلاقات في الحضارات القديمة؛ العلاقات الأولى لأشكال التبادل بين الرجال: أي العلاقة بين المشتري والبائع، والعدالة هنا عدالة بدائية تستمد أصولها من تحديد أسعار الأشياء، وبالتالي تكون العدالة في أبسط قوانينها وأقدمها: "عدالة دفع ثمن الشيء". فكل شيء له ثمن، وكل شيء ينبغي دفع ثمنه. من يدفع ثمن الشيء هو الطيب، ومن لا يفعل هو الخبيث الدنيء. هذا هو القانون الأخلاقي الأول للعدالة، وهو بداية كل طيبة، وكل إنصاف، وكل حسن نية، وكل موضوعية. هذا هو الدستور الذي يتحدد بناءً عليه الطيب من الخبيث في سينما ليوني، وهو نسق قيمي لا يضع الشر بالضرورة في مواجهة الخير، كما تفعل الحضارات الحديثة، بل هو أقرب إلى مفهوم الأخلاق في مجتمع أثينا وروما القديمتين. وكأننا هنا نسمع الشاعر الأثيني الذي رثا بلاده بعد سقوطها، فقال: "لقد شقت جرأتنا طريقها في البر والبحر، وشيدت لنفسها إينما كانت روائع لا يمحوها الزمن، سواء في ميادين الخير أو في ميادين الشر". وبالمثل، يحتفي ليوني بالقوة؛ سواء في ميادين الخير أو في ميادين الشر: ألم يصبح (لي فان كليف: الشرس) عظيماً في أفلامه بعد أن كان ممثلاً ثانوياً باهتاً في أفلام جون فورد وفريد زينمان؟! ألم يصبح ملكاً في بلاط ليوني بعد أن كان خادماً في بلاط هوليوود؟! بل إن إنجل آيز (عيون الملائكة) يأتي في الأولوية بعد "الطيب" في (الطيب والشرس والقبيح)؛ فالترتيب في اسم الفيلم هو ترتيب قوة؛ سواء أكانت خيرة أم شريرة.

من المثير كذلك ملاحظة أن ليوني يربط دائماً في أفلامه ما بين الطيبة وبين النظافة الشخصية، مستخدماً هذا المعيار للتمييز بين الطبقات في جماعة الغرب الأمريكي المستوحش. ومن الغريب ملاحظة أن الحضارات الأولى قد استخدمت أيضاً النظافة كمعيار في التفرقة بين "الطيب" (أو الطاهر) و"الخبيث" (أو النجس)، خصوصاً في المجتمعات القديمة في مصر وأثينا وروما. وكأنه يعود للتفرقة بين البشر مستخدماً المعيار الأولي، البدائي، الغليظ، الغير رمزي: الطيب هو من يغتسل، ويعتني بنظافته الشخصية، ولا يعاشر النساء القذرات، ويشمئز من الوساخة وينفر منها، والعكس بالعكس. وربما بسبب

هذا التشابه في الأنساق القيمية والأخلاقية بين أفلامه والحضارات القديمة، تحمل أفلام ليوني دائماً روحاً ملحمية عظيمة، حتى وإن بدا غريباً أن يحمل فيلم من نوعية الويسترن سباجيتي روحاً ملحمية.

ولكن ماذا بالنسبة لصورة الإنسان العادي في سينما ليوني؛ إنسان العامة الذي ليس هو راعي بقر ولا مرتزق صائد جوائز؟! ما نلاحظه في هذا الشأن أن صورة ذلك الإنسان تبدو كما لو كانت تنحدر من جنس "هابيل" المغدور. على عكس أبطاله الذين ينحدرون من جنس "قابيل"؛ والذين ينظرون للعامة نظرة متعالية ومترفعة، ويتجنبون في نفس الوقت ممارسة العنف عليهم. إنها نظرة فيها كثير من الإهمال واللامبالاة، كما لو أن إنسان العامة يتحول بالنسبة لراعي البقر إلى ما يشبه الكاريكاتير، ومن هنا يصبح بطل ليوني رؤوفاً متساهلاً مع سواد الشعب التعيس، المسكين، المنحوس، العاجز.

أما المشاهد القليلة التي نلمح فيها "ظلماً" ما: كمشاهد الحرب الأهلية وضحاياها مثلاً في (الطيب والشرس والقبيح)، أو مشاهد البؤس والفقر اللذان يرزح تحتهما أهالي القرية التي تتحارب فيها العائلتان الكبيرتان في (من أجل حفنة دولارات)؛ فإن هذه الوقائع التي يمكن إسباغ صفة "الظلم" عليها في سينما ليوني، تتصف بأن طابع "الظلم" فيها عام؛ ناتج عن تقسيمات الطبقة والثروة، وترتيبيات السلطة والقوة؛ أي أن الظلم هنا هيكلي، مسؤول عنه المجتمع بأكمله؛ الإنسانية كلها؛ وبعبارة أخرى: لا أحد مسؤول عنه. ومن هنا فإن المخالفات والانتهاكات الفردية، والسلب والنهب الفردي الذي يجري في نظام إنساني مُهيكل بالكامل على أساس الظلم، لا يكون بالضرورة أمراً ظالماً؛ فهو ظلم داخل الظلم، وجرم داخل الجرم؛ وكما أن نفي النفي إثبات، فإن الحياة نفسها في سينما ليوني لا تجري إلا عبر المخالفات والانتهاكات والسلب والنهب، ولا يمكن تصورها تجري بشكل مختلف.

<u>فيلموجرافيا:</u>

ولد سرجيو ليوني في روما عام 1929، لأب مخرج وأم ممثلة في السينما الصامتة. درس القانون في البداية، ثم تحول للعمل كمساعد إخراج في السينما الإيطالية وفي الأفلام الأمريكية التي صُور جزء منها في إيطاليا. من أبرز من عمل معهم في تلك الفترة: فيتوريو دي سيكا، وفريد زينمان. أتاح له النجاح المالي الكبير لأحد الأفلام الإيطالية التي أخرجها من الباطن أن يُكلف بإخراج أول فيلم له (تمثال رودس)، ورغم أنه لم يحب الفيلم، إلا أنه وافق على إخراجه لحاجته الماسة للمال. توفي في روما عام 1989 .

<u>صنع سرجيو ليوني 7 أفلام روائية طويلة:</u>

20- تمثال رودس، 1960

21- من أجل حفنة دولارات، 1964.

22- من أجل مزيد من الدولارات، 1965.

23- الطيب والشرس والقبيح، 1966.

24- حدث ذات مرة في الغرب، 1968.

25- مهرجان الديناميت، 1971.

26- حدث ذات مرة في أمريكا، عام 1984.

النيوليبرالية في سينما محمد خان

فـي فيلم (عودة مواطن، 1986)؛ يعود الأخ الأكبر شاكر (يحي الفخراني) إلى القاهرة، بعد رحلة عمل استغرقت ثمان سنوات في قطر. وبعد أيام قليلة يقرر زيارة المصنع الذي كان يعمل به سابقاً في القاهرة. كان شاكر يعمل محامياً في مصنع لمستحضرات التجميل، من تلك المصانع التي كانت تنتج المكياج وأدوات التجميل للسوق المصرية؛ والتي لم تكن تعرف بعد حمى الاستيراد المجنون قبل سياسة الانفتاح. فماذا يجد شاكر في نفس العنوان القديم؟ في نفس الشارع، وبنفس رقم البناية: المصنع قد تحول إلى ملهى ليلي.

<u>التحول من العمل المادي إلى العمل الانفعالي</u>

إحدى السمات المميزة للاقتصادات التي تحولت فجأة إلى النيوليبرالية هي التحول من الاقتصاد المادي الذي ينتج منتجات صناعية ومادية حقيقية، إلى ما يسميه سلافوي جيجيك في كتابه (سنة الأحلام الخطيرة، 2012): "العمل الانفعالي-العاطفي"؛ أي القائم على خدمات الترفيه والتسلية، والأنشطة الطفيلية، ومضاربات البورصة، والتسويق العقاري، والإسكان الفاخر، والاستثمار السياحي، وخدمات الاتصالات والمعلومات..إلخ. هذا التحول الحاد والصادم (والصدمة عنصر أساسي في سياسات النيوليبرالية) بدأ في العالم مع تولي مارجريت ثاتشر رئاسة وزراء بريطانيا (مايو 1979)، ورونالد ريجان رئاسة أمريكا (يناير 1981).

فمنذ ذلك الحين تم إطلاق يد الرأسمالية العالمية؛ وبدأت عمليات توسيع الخصخصة، ومنح المزيد من الإعفاءات والامتيازات للشركات الكبرى العابرة للقارات، وانسحبت الحكومات من السوق، وتقلصت اعتمادات التأمين الصحي، وتم تحجيم نفوذ النقابات العمالية، وزادت الضرائب على الطبقة الوسطى، وتم تخفيضها عن الشركات الكبرى، وانتهجت سياسات مالية واقتصادية لا تعير اهتماماً لطحن الطبقات الوسطى والفقيرة؛ سياسات كان هدفها إطلاق الحرية الكاملة للرأسماليين لتوليد المزيد من الثراء. فتفاقمت المعاناة الجماعية لشعوب بأكملها، وأفلست دول، وقامت حروب أهلية في أخرى، وحل الفقر العام على معظم مجتمعات العالمين الثاني والثالث التي انتهجت حكوماتها تلك السياسات.

لكن ما بدأ عالمياً مع وصول ثاتشر وريجان إلى الحكم، بدأ قبل ذلك ببضع سنوات في مصر؛ مع تدشين أنور السادات عصر الانفتاح الاقتصادي (الذي أسماه أحمد بهاء الدين: انفتاح السداح مداح)؛ مع "ورقة أكتوبر"، وإصدار القانون رقم 43 لسنة 1974، الذي فتح الباب أمام رأس المال الأجنبي الآتي من الخارج، والقانون رقم 118 لعام 1975، الذي فتح الباب على مصراعيه للقطاع الخاص المصري في الداخل للاستيراد. بين ليلة وضحاها، تحولت مصر من عصر "الاستهلاك الضروري" إلى عصر "الاستهلاك المفرط". وتم نزع سيطرة الدولة على الاقتصاد والتجارة، وأدى ربط السوق المصري بعجلة السوق الرأسمالي العالمي إلى أن أصبح عرضة لقوته، وتقلباته، وإرادته، ورغباته.

66

وكانت النتيجة هي عملية مستمرة من التدهور الطبقي الذي أخذ في الاتساع يوماً بعد يوم، فاتسعت الفجوة الطبقية بين الأغنياء والفقراء، وبرزت سياسات اقتصادية وإدارية تسمح للأغنياء بأن يزدادوا غنى، وتدفع الطبقة الوسطى والفقراء نحو مزيد من الفقر. وفاقم من ذلك الوضع الزحف الاستهلاكي الذي رافق الانفتاح، فدفع إغراء البضائع المستوردة بأصحاب الدخول المتواضعة من الطبقة الوسطى إلى الإفراط في الشراء، فأنفقوا ما يفوق طاقتهم في مجالات الاستهلاك الكمالي، بعد أن راحت تروج له وتغذيه الشركات الكبرى (بإعلانات للرياضيين والفنانين للترويج للسلع والخدمات الاستهلاكية)، حتى أصبحت الكماليات هي الضروريات في مجتمع صار عاجزاً عن سد الحاجات الضرورية لعشرات الملايين من أبنائه. وعادت مصر إلى الموقف الطبقي الذي ساد المجتمع قبل ثورة 1952؛ احتكار طبقة بالغة الصغر للثروة القومية، وانتشار الفقر بين عموم الطبقات الوسطى والفقيرة، وانسداد باب الأمل أمام أبنائها في الترقي. مما دفع بالنخب المهنية للطبقة الوسطى للهجرة إلى الخارج بحثاً عن الخلاص الفردي؛ كحال شاكر في (عودة مواطن)، وخالد (نبيل الحلفاوي) والد الطفلة ناهد الذي هاجر إلى الكويت في (سوبرماركت، 1990)، وابن المدرس عبد العظيم في (فارس المدينة، 1991)، في حين انغمس من تبقى منهم في الدوامة المعيشية لتوفير الاحتياجات الضرورية والصراع من أجل البقاء، كحال باقي شخصيات أفلام محمد خان. بينما يصبح يحي (خالد أبو النجا) بطل فيلم (في شقة مصر الجديدة، 2007) سمساراً في البورصة؛ كصدى للتغير الحاد في مجتمع مصر الجديدة. لقد باتت هذه هي المهن التي تسمح بالأمان المالي والترقي الطبقي. ولا يفوت خان هنا أن يُظهر يحي كسليل تافه لفوارسه في (طائر على الطريق، 1981)، و(الحريف، 1983)، و(فارس المدينة).

<u>أسبقية محمد خان وعاصم توفيق</u>

(عودة مواطن) هو من الأفلام الأولى في تاريخ السينما العالمية التي ترصد بوعي عميق التحولات في المجتمعات الاشتراكية التي انتقلت إلى اقتصاد السوق الحر، وأثر تلك التحولات على الطبقة الوسطى. وينتبه في وقت مبكر جداً إلى الآثار التي سترصدها بعد ذلك بعقد كامل السينما في أوروبا الشرقية وأمريكا اللاتينية (وهي الدول التي خضعت لشروط النيولبرالية وصندوق النقد الدولى، كحال مصر). وهو ما نرى صداه القوي مثلاً في الفيلم الروائي للمخرج الروماني ناي كارانفيل Nae Caranfil (المؤسسة الخيرية، 2002) Filantropica، والذي تبدأ افتتاحيته باللوحة الاستهلالية التالية: "في رومانيا الآن، هناك طبقة صغيرة من فاحشي الثراء، وطبقة صغيرة من المعدمين، وبينهما عدد كبير جداً من الشحاذين كان يُطلق عليهم في ما مضى: الطبقة الوسطى". من اللافت أيضاً أن خان يصنع فيلماً سابق على هذا الفيلم بعشر سنوات؛ هو (فارس المدينة)، وفيه إشارات بينة للخراب الذي لحق بالطبقة الوسطى. إن أستاذ التاريخ في الفيلم (عبد العظيم: حسن حسني) هو شحاذ ينصب على الأغنياء، كحال بطل فيلم (المؤسسة الخيرية)، الذي هو نفسه أيضاً مدرس ثانوي ينصب ويحتال على الأغنياء ليوفر لقمة عيشه.

الوعي بسمات العصر النيولبرالي الجديد لدى محمد خان، وشريكه كاتب السيناريو عاصم توفيق في (عودة مواطن)، نجده في أنقى صوره عندما يتحول مصنع مستحضرات

التجميل إلى ملهى ليلي، مع إشارات إلى بقاء عمال وموظفي المصنع السابقين في العمل بالملهى. وفي المقابل، فإن المصنع الحقيقي في الفيلم؛ مصنع الحديد والصلب الذي يعمل به الخال (عبد المنعم إبراهيم)، يظهر على نحو تبدو فيه أحوال العمل في تدهور وانحدار، بل ونرى أحد العمال وقد أدمن تعاطي المخدرات. إن مشاهد المصنع، على نحو خاص، مدعومة بوعي إخراجي عال من خان، قل أن يوجد بين المخرجين السينمائيين، فهو يُفوِّت فرصة تصوير مصنع الحديد والصلب على نحو مبهر بصرياً، بكل إمكانيات الثراء البصري والتشكيلي لكادرات مصنع من هذا القبيل، لصالح دعم المعنى الأكثر عمقاً، فيصوره كخرابة صدئة في كادرات ضيقة ومغلقة؛ أي متقشفة بصرياً (وليست فقيرة).

في مشهد دال في (عودة مواطن)، تطلب الأخت الكبرى فوزية (ميرفت أمين) من خالها عامل مصنع الحديد، مساعدتها في البحث عن عمال لمخبز الكيك والجاتوهات الذي ستفتتحه (اسم المخبز: ماري أنطوانيت). لقد لاحظت فوزية أن المستقبل الآن هو للاستهلاك التفاخري والترفيهي. إننا هنا نشهد أيضاً وعي عال من خان ـ توفيق بسمة أساسية للنيولبرالية: المجتمع الاستهلاكي الذي يجد معظم أفراده صعوبة حقيقية في الحصول على رغيف الخبز، يتطلع للحصول على الجاتوه. بل وسيصبح على استعداد للتضحية بكل شيء للحصول على الجاتوه في فيلم (سوبرماركت)، وهو أحد أهم الأفلام الأخرى التي تعاون فيها خان مع توفيق، والتي ترصد توابع سياسات الانفتاح على الطبقة الوسطى المصرية. وخانـتوفيق هنا يسبقان نقاد النيولبرالية في ما سيُطلقون عليه لاحقاً: "سلوك المستهلك المتطلع وغير القادر مادياً". فالعصر الانفتاحي الجديد قد فتح الشهية للاستهلاك المفرط والإنفاق المتهور، وأصبح إنسان الطبقة الوسطى محاطاً من كل جانب، وفي كل وقت، بالضغوط الثقافية والسلوكية والاجتماعية التي تدفعه دفعاً نحو الإنفاق المتهور، وهو عاجز في الوقت نفسه عن تلبية تلك الرغبات؛ لتدني الأجور، والغلاء، والبطالة المتفشية، وأزمات الإسكان والغذاء. إن الطبيب الثري عزمي (عادل أدهم) في الفيلم يبدو واعياً أيضاً بالحقيقة التي أدركتها فوزية في (عودة مواطن)، ولذلك يفتتح سوبرماركت جديد كأحد أهم أشكال الاستثمارات المربحة في المرحلة الجديدة، وذلك بعد أن يعرض لنا خان المنطق الصريح في إدارة المستشفى التي يملكها الدكتور عزمي كـسوبرماركت. بل ويشعرنا خان كما لو أن الدكتور عزمي يتحرك في مستشفاه وبيته كمالك إقطاعية بين عبيده.

أفول الطبقة الوسطى يتزامن مع أفول العمل المادي

بالرغم من أنه لا تجري تسمية أو نقد التغيرات الاقتصادية والاجتماعية في أفلام خان مباشرة أو صراحة. إلا أن البناء الدرامي في أعماله يتوقف برمته عليها، مثلما تعتمد إضاءة مصباح على الكهرباء. وتحتفظ تلك الأفلام بآثار دائمة لا تخطئ لعملية أفول الطبقة الوسطى المصرية، كما تحتفظ صور شمس الفوتوغرافية في (ضربة شمس، 1978) بآثار الجريمة. إن تدهور المصنع الذي يمثل أفول العمل المادي في مقابل صعود العمل الانفعالي والترفيهي، وتفسخ الرابطة الأسرية في (عودة مواطن)، وتدهور مكانة العمل الزراعي، والضغوط المادية على الطبقة الوسطى في (خرج ولم يعد، 1984)، والثقافة الاستهلاكية، وتسليع الإنسان في (سوبرماركت)، وما أدى إليه انسحاب الدولة من السوق من فساد

وخراب عام في المجتمع كله في (فارس المدينة)، كل تلك المظاهر للتحول إلى الاقتصاد النيولبرالي، يأتي متزامناً في سينما خان مع "أفول" الطبقة الوسطى أفولاً بطيئاً وقدرياً.

وأفول الطبقة الوسطى عند خان-توفيق هو أكثر فنية من معالجات سينمائية أخرى أكثر سخونة من الناحية الدرامية؛ كسينما عاطف الطيب مثلاً. فالأفول؛ أي التحلل التدريجي البطيء، والذي هو أقل سخونة من المعالجات التي تقيس التغيرات المجتمعية بموازين أكثر دقة تسجيلياً، يتيح ملاحظة رائحة عفونة التحلل من ناحية، ويتجنب عنصر "الصدمة" الذي تتسم به المعالجات الدرامية الساخنة من ناحية أخرى. لذلك تتاح لأعمال خان التغلغل إلى أعماق أبعد في نفس المُشاهد، ذلك التغلغل الذي يتطلب حالة من الاسترخاء يقضي عليها أسلوب "الصدمات". ولذلك تصبح أفلام خان جزءًا من خبرة المُشاهد؛ جزءًا من ذاكرته، أكثر من غيرها من أفلام الواقعية الاجتماعية.

إن أفلام خان ليست وثائق اجتماعية وصفية، بقدر ما هي قطع فنية تعكس متغيرات اجتماعية حقيقية برؤية نافذة. ولذلك فهي خالية من النبرة الصارخة والخطابية المباشرة للوثائق الاجتماعية. وبالرغم من أن واقع التحولات في الطبقة الوسطى المصرية نفسه يتسم بالصدمات والفركتة (والفركتة هي التقطيع مثل الذُّر)، إلا أن تفضيل خان-توفيق، في أفلامهما عن الطبقة الوسطى، لمنظور الأفول على الصدمات، هو تفضيل لرهافة الفني على غلاظة يد التسجيلي، تفضيل للتصوير الزيتي على الفوتوغرافيا، للتنوير على الأهمية المعلوماتية. وثمة شيء مواز لذلك الأسلوب في التحلل البطيء والتدريجي لشخصيات الطبقة الوسطى في أعمال نجيب محفوظ؛ خصوصاً في شخصية أحمد عاكف في (خان الخليلي، 1946)، والسيد أحمد عبد الجواد في (الثلاثية، 1957-1956). تلك الأعمال التي ترصد واقع الطبقة الوسطى المصرية في فترة الحرب العالمية الثانية وما بعدها، والمشابه كثيراً لواقعها بعد الانفتاح. هناك "شاعرية" ما في أسلوب الأفول. ربما لتماشيه مع قانون الوهن الحتمي التدريجي في الطبيعة.

منظور الأفول البطيء أيضاً يتيح الفرصة الفنية لعرض الجانب القدري للخراب الناتج عن التحولات في السياسات الاقتصادية-الاجتماعية. إن المسؤولية عن الشر هنا تصبح مسؤولية هيكلية، وليست فردية أو شخصية فقط، كما تطرحها الأعمال الدرامية الأقل وعياً. يبدو الأمر في سينما خان وكأن الفرد ليس هو من يستخدم الشر، بل الشر هو من يستخدمه. إن العنصر القدري (أو الهيكلي) في الخراب (أو الشر) واضح في كل أعمال خان، وبخاصة في (فارس المدينة).

<u>الشر الهيكلي</u>

فرغم أننا نعلم من تاريخ فارس (محمود حميدة) في (فارس المدينة) -ويحق لنا اعتباره التطور الطبيعي لفارس (عادل إمام) في فيلم (الحريف)- أنه كان يتاجر في العملة، وفي أنشطة أخرى كثيرة غير مشروعة، لكن خان لا يدين بطله في (فارس المدينة). كما لم يدن من قبل فارس في (الحريف) أو حتى القاتل في نفس الفيلم (عبد الله: نجاح الموجي). أو فوزية أو صاحب الكباريه (مصطفى: حسين الشربيني) في (عودة مواطن). أو عيد الحِرفي (أحمد زكي) في (أحلام هند وكاميليا، 1988)، أو غيرهم من شخوصه التي يمكن أن تظهر أشراراً

منحرفين عند غيره. قد يرجع ذلك في جزء منه إلى صفة "الحنو" على الإنسان التي تميز كل فنان كبير. وطالما لمسنا حنواً من كبار الأدباء والفنانين تجاه شخصيات الأوغاد واللصوص والمحتالين. ولكننا نعتقد أن ذلك يرجع أيضاً إلى رؤية خان إلى أسباب الشر في المجتمع. فالشر عند خان ليس فردياً ذاتياً خاصاً، بمعنى أن الفرد ليس هو فقط المسؤول عن الشر، ولكن مصدره الأساسي هو السياق العام الاقتصادي والاجتماعي. من هنا تنتفي الرؤية التربوية في أفلامه، تلك الرؤية الأخلاقية المدرسية التي تُحمِّل الفرد وحده مسؤولية الشر، وبالتالي تحمله أيضاً مسؤولية مقاومة الشر: بالانضباط الأخلاقي، والإحساس بالمسؤولية، وعودة الأصول الطيبة المهجورة. وربما يفسر ذلك على نحو ما النهاية الأصلية التي كتبها خان لفيلم (سواق الأتوبيس، 1983- قصة/ محمد خان، إخراج/ عاطف الطيب)، والتي يحرق فيها سائق الأتوبيس حسن سيارته للأجرة، ويقف ليتفرج عليها. والتي غيرها عاطف الطيب إلى مشهد ضرب حسن للص الأتوبيس على أنغام النشيد الوطني. إن خان لا يمكن أن يُحمِّل لصاً صغيراً من لصوص الحافلات مسؤولية الشر. ورؤيته لهيكلية الشر تتنافى مع إلقاء اللوم على لص فردي؛ قد يكون هو نفسه ضحية لذلك الشر الهيكلي. فضلاً عن نفور فوارس خان المهزومة من فكرة الاعتداء بالضرب على لص تافه.

إن الهدف المسيطر على فارس هو جمع المال، ولكن ليس بدافع الجشع أو زيادة الثروة الشخصية، بل بدافع مضاد لطبيعة رأس المال الذي لا يعبد إلا الربح. إن فارس وهو يسعى لجمع المال تسديداً لديونه ووفاءً لكلمته بعد الخراب الذي لحق بمصر في عملية النصب التي قامت بها شركات توظيف الأموال الإسلامية في منتصف الثمانينات من القرن الماضي،ـ يبدو كما لو كان شخصية من المجتمعات البدائية التي تتحرك بدوافع الشرف، والفخر، والكرامة، والوهب. إنها أخلاق البطولة التي تجلب الاحترام، ويُبنى عليها التماسك الاجتماعي. ولذلك يبدو فارس شخصية أسطورية، بالرغم من معرفتنا بمصدر ثراءه الذي تراكم بطرق غير مشروعة. إن شخصية فارس التي تتحد فيها الأضداد، كاتحاد دكتور جيكل ومستر هايد، تتحرك طيلة الوقت بين مجموعة من رجال الأعمال وأصحاب رؤوس الأموال الذين يبدون جميعاً وكأنهم مستر هايد بلا دكتور جيكل واحد. إن فارس من عصر آخر غير عصر أقرانه. وربما لهذا السبب يُهدي خان الفيلم الذي تجري أحداثه في يونيو 1988، إلى عصر السيدة أم كلثوم: "إلى أصالة صوت وزمن أم كلثوم". كما أهدى من قبل (زوجة رجل مهم، 1987) إلى زمن عبد الحليم حافظ. وأعمال خان دائماً ما تستحضر تاريخاً وزمناً سابقاً لتاريخ وزمن الفيلم نفسه. ويحق لنا اعتبار أن الحنين إلى أزمنة (أم كلثوم) و(عبد الحليم) ليس حنيناً إلى ماض فردي، ولكن إلى ماض جماعي؛ إلى عصر كامل بنمط علاقاته وقيمه. وربما يحتاج تأبين خان ورثاؤه لأزمنة أفلتت منا وولت كلمة إضافية.

فما يمنح بعداً ملحمياً لأفلام خان هو أن المسافة عنده في المكان كثيراً ما تحل محل المسافة في الزمان. يصبح انتقال نجوى (غادة عادل) من المنيا إلى القاهرة في (في شقة مصر الجديدة) هو انتقال بين زمنين شهدت في كل منهما الطبقة الوسطى وضعاً متبايناً. وتصبح عودة شاكر إلى بيت العائلة القديم في (عودة مواطن) هي محاولة لبعث عصر قديم بقيمه، في زمن أصبح مختلفاً. وتفضيل موظف الطبقة الوسطى عطية (يحي الفخراني)

في (خرج ولم يعد)، للحياة في الريف على المدينة، هو تفضيل لعصر أكثر منه لمكان. تفضيل لقيم زمن ماض على قيم الحاضر. ومن قبل، ينتهي تلكؤ فارس في (الحريف) للدخول إلى السوق، ويستوعب استيعاباً تاماً التغيرات التي طرأت على العصر الجديد، بعد انتقاله (المكاني) من القاهرة إلى بورسعيد (المدينة الرمز للانفتاح) لكي يلعب مباراة كرة شوارع بها. فبعدها يتخذ قراره بمسايرة القيم الجديدة والعمل في التهريب. ويمكن اعتبار تفضيل فارس في نفس الفيلم لمجالسة الكباتن الرياضيين العجائز هو تفضيل زماني أكثر منه مكاني. وثمة شيء مناظر لذلك وسابق عليه في علاقة فارس سائق التاكسي في (طائر على الطريق) بالسائق العجوز المجنون والشريد على الطريق السريع. بل وفي الارتباط الذي سينشأ لاحقاً بين فارس في (فارس المدينة) بأستاذ التاريخ عبد العظيم، والإقامة معه في مسكنه (أي في زمنه). ولنا أيضاً أن نعتبر العودة المتكررة لرمزي عازف البيانو في (سوبرماركت) إلى بيت أمه هي عودة في الزمان أكثر منها في المكان.

<u>تحولات القيم</u>

التحولات الهيكلية التي تسببت فيها سياسات الانفتاح التي انتهجها السادات بعد رحيل عبد الناصر، ثم مبارك من بعده، لم تؤد فقط إلى إعادة ترتيب العلاقات بين الطبقات على نحو مفاجئ وصادم، ولكنها أدت أيضاً ـوهو الأهمـ إلى إعادة كتابة نسق القيم السائد في المجتمع.

فقد ترافق مع الانفتاح والاقتصاد الهش الذي يعطي الأولوية للقطاعات الخدمية والاستهلاكية، تفشي القيم الطفيلية في المجتمع. واتخذت الأنشطة الطفيلية صوراً عديدة مثل: استغلال السلطة والنفوذ الإداري، والارتشاء، والعمولات، والتواطؤ مع مصالح القطاع الخاص على حساب مصالح القطاع العام، والمضاربات في الأراضي والعقارات والعملات الأجنبية، والاتجار في السوق السوداء، والتهريب، والاستيلاء على أموال وأراضي الدولة. وكانت لهذه الظواهر بالغ الخطورة على النظام القيمي للطبقة الوسطى، لأنها أدت إلى شيوع روح "الفهلوة"، وفقدان الإيمان بالعلاقة بين العمل والكسب. مما أدى إلى عواقب وخيمة على النظامين الاقتصادي والإداري في مصر؛ لأنه أدى إلى انهيار مبدأ ربط الأجر بالجهد، والعزوف عن العمل المادي الحقيقي المنتج (والذي هو أساس التنمية الحقيقية) لصالح الأنشطة الطفيلية والخدمية والمضاربات.

والوعي بهذه التحولات القيمية موجود في وقت مبكر جداً لدى خان، ويظهر بوضوح منذ (الحريف)، الذي يهجر فيه فارس مهنته في مصنع الأحذية، لصالح العمل الهامشي الطفيلي؛ من أول المراهنات على مباريات كرة القدم في الساحات العامة، وصولاً إلى العمل في تهريب السيارات. ولا يفوت خان حتى في فيلم (أحلام هند وكاميليا)، بالرغم من أن أبطاله من الخدم والمهمشين، لا من الطبقة الوسطى، أن يلفت نظرنا إلى أن الطريق الذي ينتهجه عيد الحِرفي لتوفير المال والترقي اجتماعياً هو إما السرقة، أو الإتجار في السوق السوداء للعملة.

لكن هذا الوعي أكثر وضوحاً في (عودة مواطن)، لدرجة أن التحولات القيمية الجديدة تصبح هي العمود الفقري الذي يُبنى عليه الفيلم بأكمله. إن تامر (إبراهيم يسري) المتخرج

من كلية التجارة، يفضل العمل في وظيفة بارمان في فندق على العمل في تخصصه. وخطيبته نجوى (ماجدة زكي) تفضل هي الأخرى العمل كنادلة في نفس الفندق، بينما تفتح أختها الكبرى فوزية مخبزاً للكيك والجاتوهات. وصاحب مصنع مستحضرات التجميل نفسه مصطفى (حسين الشربيني) يفضل العمل مديراً لكباريه. مع إشارات واضحة لتفشي روح الطفيلية، والفساد، والغش، كقيم جديدة حاكمة في مجتمع الانفتاح الاستهلاكي. هناك صاحب عمارة في الفيلم يبيع شققها الخمسين إلى خمسمائة مشتر. وهناك إشارات شديدة الوضوح إلى تفكك الأسرة المنتمية إلى الطبقة الوسطى. لم تعد الأسرة هي الرابطة، بل السوق. إن اسم النكرة في عنوان الفيلم (عودة "مواطن") هو للتعميم. سافر شاكر إلى قطر كـ "مواطن"، وعاد ليجد نفسه "مستهلكاً". لم تعد الرابطة أيضاً هي الوطن، بل السوق. لقد عاد شاكر إلى أطلال الطبقة الوسطى، ويحرص خان على تصوير بيت العائلة ليوحي بهذا المعنى. وحين تفوته الطائرة في المطار، بعد أن قرر العودة لقطر مرة أخرى (العودة كمستهلك لا كمواطن)، يحرص خان على أن يُجلس بطله تحت لافتة "بنك القاهرة".

ستتضح هذه الحقيقة على نحو أعمق في (سوبرماركت)؛ الذي تقرر فيه الشخصيات انحيازها بناءً على القيم الجديدة للسوق. إن الطفلة ناهد (مريم مخيون) تنحاز إلى أبيها الذي هجرها لأنه أغنى من الأم. والأم أميرة نفسها تنحاز إلى الدكتور عزمي لأنه من الأثرياء الجدد. حتى أن الفنان رمزي (ممدوح عبد العليم) نراه خادماً في بلاط رأس المال؛ يحمل الحقيبة للدكتور عزمي، ويعزف للأثرياء مقطوعات بيانو في كازينوهات الفنادق، وفي حفلات عشائهم. وزوجته الباليرينا منى (عايدة رياض) توافق على العمل في فرقة رقص شعبي، لأنها رغبة رأس المال الذي يسعى إلى إدخال الفن في مجال السوق بوصفه "سلعة" قابلة للربح. وفن الباليه الرفيع لم يعد له سوق-سوبرماكت. هذا ما يقوله رمزي عازف البيانو نفسه. إن المعنى الأكبر والمسيطر على فيلم (سوبرماركت) هو: ما يُباع ويُشترى هم الناس، لا السلع. وينتقل الإنسان من يد إلى يد، تماماً كما تنتقل السلعة من يد إلى يد. إن مجتمع السوبرماركت يحول الإنسان ليس فقط من مواطن إلى مستهلك، ولكنه يحوله إلى بضاعة في نفس الوقت. إن حقيبة المال نفسها تنتقل من يد إلى يد، ويظل المال كما هو دون أن يحل أي مشكلة، بينما يُباع الناس ويُشتَرون.

وفي ظل مجتمع السوبرماركت، يحرص رأس المال على طمس وعي الناس، ليس فقط بالشروط الاجتماعية للعمل (أي الاستغلال)، بل أيضاً بالشروط التقنية والفنية للمنتجات السيئة، والتي يجد أن متطلبات إنتاجها بنوعية جيدة أكثر كلفة. فنجد تماثلاً، على سبيل المثال، بين رداءة السلع الغذائية وبين انحدار وتدهور "السلع الفنية". ويحرص رأس المال على تمويه النوعية السيئة لكليهما، بإحاطتهما بوهج مظهري كحافز أساسي للاستهلاك. يُلقي أحد زملاء رمزي إليه بشريط كاسيت لبعض الأغاني الهابطة وهو في سيارته، كي يستمع إلى صوت العصر الجديد. فيضحك رمزي من كلمات وموسيقى الأغنية الرديئة، والمنتشرة انتشاراً واسعاً: "إيه الأستوك ده.. اللي ماشي يتوك ده.. كلمني.. فهمني". يمكننا فهم ضحك رمزي باسترجاع كلمات أنسي الحاج: "المهزوم يصبح أقل انهزاماً إذا قهقه".

إن النصائح الثلاث التي يقدمها الدكتور عزمي لرمزي في دروسه عن كيف يصبح المرء مليونيراً هي: ضربة حظ + التنازل الأخلاقي + الاحتكار. هذه النصائح هي صدى لصيحات رأس المال المتحكم في مجتمع السوبرماركت. لقد أصبحت سلعاً أساسية كمواد التموين، والحديد، والأسمنت، والسماد، محتكرة في أيدي قلة من كبار المستوردين ورجال الأعمال الجدد من أمثال الدكتور عزمي. فإذا أضفنا إلى ذلك انسحاب الدولة من السوق، واستقالتها من وظيفتها التنموية، وبيع مصانع وشركات القطاع العام، أدى ذلك، لا فقط إلى فرتكة الطبقة الوسطى، بل إلى الخراب العام الذي ينتصب فوقه (فارس المدينة) شامخاً كشاهد عليه. الخراب الذي يطفح من كل مكان وكأنه كارثة قدرية. ويصبح الوضع في مجتمع السوبرماركت أشبه بنتائج القانون الثاني للديناميكا الحرارية: "الفوضى الناتجة عن اجتماع عنصرين مضطربين معاً، تصبح أكبر كثيراً من حاصل جمع الفوضى في كل منهما على حدة".

<u>فيلموجرافيا</u>

ولد محمد خان في حي السكاكيني الشعبي بالقاهرة في 26 أكتوبر 1942، لأب باكستاني وأم مصرية. سافر إلى لندن عام 1956 لدراسة الهندسة المعمارية، لكنه استغرق في دراسة ومشاهدة السينما العالمية طيلة سبع سنوات، وخصوصاً أفلام الواقعية الجديدة والموجة الأوروبية الجديدة. عقب تخرجه من (مدرسة لندن للسينما)، عاد للقاهرة عام 1963، وعمل في قسم القراءة والسيناريو في (الشركة العامة للإنتاج السينمائي)، تحت إدارة المخرج صلاح أبو سيف. سافر إلى لبنان للعمل مساعداً للإخراج لعدة سنوات. ثم عاد إلى إنجلترا لفترة قضاها في كتابة النقد السينمائي، قبل أن يرجع إلى مصر عام 1977 ليعمل على إخراج أول أفلامه الروائية الطويلة (ضربة شمس). كوَّن مع مجموعة من زملائه جماعة (أفلام الصُحبة)، ومنهم: بشير الديك، وعاطف الطيب، وخيري بشارة، وسعيد شيمي، ونادية شكري، وآخرون. وكان باكورة إنتاج الجماعة فيلم (الحريف). كتب خان القصص السينمائية لعدد كبير من أفلام زملائه، ومن أهمها كتابته لقصة فيلم (سواق الأتوبيس، إخراج عاطف الطيب، 1983). حصل على الجنسية المصرية عام 2014 (بريطاني الجنسية). وتوفي في القاهرة في 26 يوليو 2016.

<u>قام خان بصنع 24 فيلماً روائياً طويلاً، من أهمها:</u>

- ضربة شمس، 1978.
- طائر على الطريق، 1981.
- موعد على العشاء، 1982.
- الحريف، 1983.
- خرج ولم يعد، 1984.
- مشوار عمر، 1985.
- عودة مواطن، 1986.
- زوجة رجل مهم، 1987.
- أحلام هند وكاميليا، 1988.

ـ سوبر ماركت، 1990.
ـ فارس المدينة، 1991.
ـ مستر كاراتيه، 1993.
ـ كليفتي، 2003.
ـ بنات وسط البلد، 2005.
ـ في شقة مصر الجديدة، 2007.
ـ فتاة المصنع، 2014.

كوينتن تارانتينو.. المقامر

يراهن كوينتن تارانتينو (تينيسي، 1963) رهاناً صعباً في فيلم (قتل بيل، 2004)، فيقترب من وجه بيل (ديفيد كارادين) في لقطات كبيرة جداً، وهو يعلم أن هوليوود لم تجرؤ منذ رحيل جون وين وسيرجي ليوني على الاقتراب بهذا القدر من وجه رجل.

وينجح رهانه نجاحاً مضاعفاً ـكأنه راهن على الصفر في لعبة الروليت. فيُعيد المُشاهد بضربة واحدة لزمن الويسترن، ولوجوه رعاة البقر: بقسوة تضاريسها الذكورية، بخطوطها الحادة، بغضونها، بثنياتها وتجعيداتها، بجفافها التعبيري الصحراوي.

لكن حالة الحنين للويسترن هذه، تكون في الحقيقة حالة حنين مُفرّغة من عاطفيتها؛ حنين عقلي محكوم ومضبوط الانفعالات، لا يصل أبداً إلى حد العاطفية، فتارانتينو قد ضاعف من مجازفته بقيامه مسبقاً ببناء حائط عال ـكما يفعل عندما يكون في أفضل حالاته- يمنع الوصول للعاطفية.

واللغم البارد الذي زرعه تارانتينو لتجريد حالة الحنين هذه من عاطفيتها؛ هو إدراك المُشاهد ـوهو يتأمل تضاريس وجه بيل- للمفارقة من أن بيل لا يعيش في الصحراء، ولا في زمن الويسترن، بل في المدينة، المابعد حداثية، وأنه ليس كجون وين في فيلم جون فورد (الباحثون، 1956) يحاول في رحلته الطويلة لملمة شمل أسرة، بل على العكس، فبيل في الحقيقة يحاول تحطيم شمل أسرة؛ أسرته هو شخصياً.

رهانات تارانتينو السينمائية لا تتوقف، إنه مقامر دائم للنخاع، يحقق أحياناً مكاسباً خيالية، لكنه يخسر من حين لآخر أيضاً، ككل المقامرين؛ يخسر مَشاهداً: كخسارته في مشهد النهاية السَوِيّة لفيلم (قتل بيل)، أو مشهد اغتصاب مارسيليس والاس في (حكايات مثيرة)، أو يخسر أفلاماً بكاملها: كفيلم (أوغاد مغمورون)، لكنه كالمقامرين الكبار، لا يشبع أبداً ظمأه للمجازفة، ولا يكف أبداً عن استفزاز حظه مع المُشاهد.

واعياً أو بالفطرة، يدرك المقامر جيداً أن القمار هو أعلى أشكال المخاطرة، لأنه يضعه في وضع التهديد المستمر، ومن هنا تكون الإثارة في كمال أوجها، ولا كذلك الأمر بالنسبة لصياد الأسود مثلاً؛ الذي يفقد الإثارة بعد الأسد الثالث، فالاعتياد، الممارسة، والتأمين، تجعل من النتيجة شبه مضمونة، وتجعل من الصياد يتقدم في حرفته يوماً بعد آخر، مراكماً خبرة تلو الأخرى، فتخفت إثارة ترقب النتيجة، وإن ظلت هناك إثارة ما، فهي تنبع من مراقبة الصياد لخبرته الشخصية في عملها، من مراقبته لدرجة إتقانه للصيد.

أما في القمار فعلى العكس؛ ليس هناك أي وضع مضمون، وكل لحظة زمنية تحمل تهديداً بالخسارة كما تحمل آمالاً في الربح؛ إنها مبارزة عارية بين المقامر وبين القدر، والمقامر يستمر في اللعب في ظل التهديد المستمر بالخسارة، فلا وجود في هذه المبارزة لفكرة "الرشد"، ولا يمكنه في أي وقت ـمهما طالت المدة الزمنية لممارسته- الادعاء بإتقانه اللعب، لأن فكرة "الإتقان" ـالضامن للتقدم- لا سبيل إليها في القمار، في الحقيقة، لا وجود هنا لفكرة "التقدم" بالمعنى الغربي، بل إن قيماً سلبية في العقل الحديث بشكل عام، هي السائدة

عند المقامر، قيم مثل: تجاهل الخبرة، المجازفة، البدايات الجديدة، التكرار، تجاهل الوعي، نفاد الصبر، الإدمان.

إن الأمل في الانتصار، في إلحاق هزيمة بالقدر، هي حمى لا تستطيع إيقافها صدمات الخسارة المتتالية، فهذه الحمى منفصلة عن الخبرة التاريخية ومستقلة عنها، والمقامر وإن ربح مرة بعد خسارات متتالية، فإن ربحه هذا ليس نتيجة تراكم الخبرة التي تحثه باستمرار ـ إن هو استجاب لصوتها ـ على الانسحاب، ولكنه في الحقيقة نتيجة لتجاهل صوت الخبرة.

يترتب على غياب دور "الخبرة" في القمار؛ غياب فكرة "المشروع" لدى المقامر؛ ليس هناك إلا مشروع الاستمرار على الطاولة، الاستمرار في المبارزة، الاستمرار في ظل التهديدات الدائمة، فما يتم ربحه قد يضيع في أول لعبة تالية، مهدداً بسقوط مهين، فالمقامر يدرك جيداً أنه ما من لعبة من ألعابه تعتمد على اللعبة السابقة، فليس للقمار ماضٍ، ولا ذاكرة، وبالتأكيد ليس هناك تراكماً في القمار.

وأفلام تارانتينو، بالمثل، لا تمثل "مشروعاً" سينمائياً، ولا تمثل تراكماً فنياً يعلو فيه اللاحق على السابق ويستفيد منه، فليس هناك من "اعتمادية" لأحدها على الآخر، فيمكننا التوقع بسهولة أن فيلم تارانتينو الجديد لن يكون له "ماض"، ولا "ذاكرة"، بل سيكون تجربة طازجة مليئة بالمفاجآت، والصدمات للمُشاهد، وكأنه يطبق القول الشهير لدي المقامرين: لا ينبغي أن يجرب المقامر حظه مرتين على نفس الطاولة!

حتى وإن أمكننا القول بأن أفلام تارانتينو، وبصفة عامة حتى الآن، تنتمي لتقاليد أفلام الجريمة، لكننا سنلاحظ أنه على الدوام لا يكف عن محاولة تعطيل سير التقاليد الكلاسيكية لهذا القالب بألغام درامية، غير متوقعة، وفي كل مكان، وسنلاحظ أيضاً أن أفلامه تظل دائماً في علاقة جدلية مستمرة مع السينما التي يحبها، ومع علاقته هو بهذه السينما، التي يقبع على قمة تفضيلاتها ـ حسب تصريحاته ـ: (الطيب والشرس والقبيح)، (ريو برافو)، (سائق التاكسي)، (كلهم يضحكون)، (الهروب الكبير)، (كاري)، (الأصابع الخمسة للموت)، (المعركة الملكية)، بالإضافة إلى أفلام المعارك اليابانية، والأكشن الفلبيني.

(كلاب المستودع، 1992) كان أول أفلامه التجارية، وهو فيلم جيد الصنع من أفلام الإنتاج المنخفض، ينتمي لثيمة العصابة التي تجتمع للقيام بمهمة صعبة (كغابة الأسفلت، وريفي في، وغيرهما)، لكنه يبدأ من حيث تنتهي بقية أفلام نفس القالب؛ يبدأ بعد أن تفشل مهمة السرقة نتيجة خيانة أحد أفراد العصابة، مع الاعتماد جوهرياً على استخدام تقنية "الفلاش باك" في سرد ملابسات القصة والعلاقات بين الشخصيات.

قفز بعده قفزة مختلفة تماماً بفيلم (حكايات مثيرة، 1994)، وهو فيلم معقد البناء، يبدو فيه أن كل شيء يسير على النحو الخطأ؛ فيلم مليء بشخصيات سيكوباتية، وحشية دموية، مغلفة بتحضر زائف من ثقافة مابعد الحداثة، ومركز الثقل في الفيلم ـ إلى جانب البناء الشائك الذي صُمم لتكون كل نقلة فيه بمثابة "مفاجأة" ـ هو الحوار الذي تمت كتابته لتكون كل جملة فيه بمثابة "حدث"، والفيلم بصفة عامة غير قابل للتكرار، فهو كالدومينو الذي تم غلقه بلعبة أخيرة، ومن هنا كانت خطيئة من تأثروا به من السينمائيين الشبان في أنحاء العالم،

فحاولوا تقليده في نسخ رديئة، ويُحسب لتارانتينو أنه لم يقع في فخ تكراره، بل أنه قد أجهض ـوبسرعةـ مشروع صناعة جزء ثان له بعد النجاح النقدي والجماهيري الكبير الذي حظي به الفيلم.

ما يلفت النظر ـضمن ما يلفتـ في (حكايات مثيرة)، أن تارانتينو يكتب نصاً من العهد القديم هو غير موجود في الكتاب المقدس، النص الذي جاء على لسان صامويل جاكسون وادعى أنه من سفر حزقيال (أصحاح 25ـ آية 17)، بل أنه يعيد أوما ثورمان إلى الحياة بعد أن تموت، وكأنه هو الرب، أو كأنه يستمتع بلعب دور الرب، وهو ما سيعود إلى فعله في فيلم (أوغاد مغمورون) حين يقتل هتلر في نهاية الفيلم منهياً الحرب العالمية الثانية بهذه الطريقة!

لا شيء مقدس لدى هذا المقامر؛ إنه يُطبق تعريف جون ترافولتا للمعجزة في (حكايات مثيرة) بأنها: "حين يجعل الرب ما هو مستحيل ممكناً"، لكنه يطبقه وكأن السينمائي هو الرب الذي يجعل المستحيل ممكناً في أفلامه.

يغير المقامر الطاولة التي يلعب عليها فيُخرج فيلم (جاكي براون، 1997) ـهو الفيلم الوحيد لتارانتينو المُعد عن أصل روائي لإيلمور ليونارد،ـ وهو عن محاولة الإيقاع بتاجر مخدرات وسلاح أسود، من قبل واحدة من أفراد عصابته، تخدعه وتخدع رجال الشرطة الذين اتفقوا معها في نفس الوقت، والانطباع العام النهائي الذي تخرج به من الفيلم، هو تذكر القول الشهير لنيتشه: "الضعيف يهزم القوي"، والفيلم عموماً أكثر أعمال تارانتينو "كلاسيكية" من حيث البناء، أو من حيث التقاليد الدرامية لهذا القالب، وتفوح منه بشدة رائحة سبعينيات القرن الماضيـخصوصاً في الإيقاع،ـ ويبدو وكأنه فيلم لـسبايك لي أو أحد المدافعين عن حقوق السود في أمريكا؛ وتشعر معه وكأن تارانتينو كان يطمح من وراءه إلى لقب "الأسود الفخري"!

أما فيلمه ذو الجزئين (قتل بيل، 2003، 2004)، ورغم أنه عن الثيمة الشهيرة: "الانتقام؛ انتقام الكونت ديمونت كريستو ـفي صورة انتقام امرأة (أوما ثورمان) هذه المرةـ إلا أنه في الحقيقة تجميع لرؤية وهضم تارانتينو لتاريخ السينما التي يفضلها (أفلام الويسترن، والويسترن سباجيتي، والساموراي، والمعارك اليابانية، والأكشن الفلبيني)، إنه فيلم الأفلام، وهو فيلم عما يحبه، وعما يحب أن يشاركه معنا كمُشاهدين من سينماه المفضلة، وأبطاله يتقربون لنا لا بمشاعرهم ولا بأفكارهم المشتركة معنا، بل بعلاقاتهم وتفضيلاتهم كمستهلكين لمنتجات ثقافة البوب، الثقافة مابعد الحداثية ـمثلما هو الحال في فيلمه اللاحق (ضد الموت) أيضاً،ـ وهو ما يجعل تلك المخلوقات في منتصف المسافة بين السينما والإعلان، كما لو أنهم أيقونات ميثولوجية فانتازية.

كتب وأخرج بعده (ضد الموت، 2007)، وهي قصة بسيطة الحبكة، بسيطة البناء ـكأنها نقيض (حكايات مثيرة)،ـ لكن القصة تتكرر مرتين، بنتيجة مختلفة كل مرة؛ عن مهووس بمطاردة الفتيات وقتلهن، ينجح في قتل مجموعة من الفتيات في القصة الأولى، في حين تنجح فتيات أخريات في قتله في القصة الثانية (وكأن المجموعة الثانية من الفتيات ينتقمن للمجموعة الأولى، ولاحظ أيضاً أن تارانتينو يربط دائماً في أفلامه بين مفهوم البطولة وبين الانتقام بالقتل)، والفيلم رغم بساطة حبكته وبناءه، إلا أنه فيلم ممتع، يحمل بصمات أسلوب

تارانتينو في الحوار، ورسم الشخصيات، وكيفية بناء المشهد، والموضوعات التي يفضل الحديث عنها، وأسلوبه البصري، وطريقة صنعه لشريط الصوت.

ومن المدهش أن يلجأ هذا المقامر في تترات النهاية للفيلم، إلى عرض صور فوتوغرافية شخصية لفتيات وسيدات ألتقطت في الخمسينات والستينات من القرن الماضي، وهي صور يمكن القول أنها غير قابلة للاستخدام إلا كصور شخصية للذكرى لصاحبها فقط، وكأنه بهذا الاستخدام يدين الوسيلة وهو يستخدمها، وكأنه يقول أن مجتمع السوق الحالي قد أدخل إلى مجاله كل ما كان في السابق غير قابل للاستخدام، كل ما كان شخصياً.

أو كأنه يقدم الحقبة التي تمت فيها هذه الصور كمُثل عليا، كحنين لتجاوز عيوب المجتمع الاستهلاكي مابعد الحداثي، كأنه طموح لإحداث قطيعة مع الحقبة الحالية، وحلم بأن تحل الحقبة السابقة محل التالية، فرغم تفاهة هذه الصور ـمن الوجهة الفنيةـ، إلا أن استحضارها من رحم الزمن قد أكسبها "هالة"، قد أكسبها سحراً، ربما للبعد الكبير بيننا كمُشاهدين وبين استعادة الحقبة التي صُورت فيها، وهو ما يضفي عليها طابعاً احتفالياً ـفعدم القابلية للاقتراب للشيء هي الخاصية المميزة للصور الاحتفاليةـ، للدرجة التي ننزعج فيها من محاولته تقليد هذه الصور مرة أو مرتين باستخدام ممثلات وإكسسوارات الحاضر، وكأنه من جديد ينفي إمكانية استنساخ هذه الحقبة، وأن النتيجة ستكون تشويهاً أكثر فجاجة.

صنع بعد ذلك (أوغاد مغمورون، 2009)، وهو مشروعه ما قبل الأخير، وهو فيلم عن مجموعة من الجنود الأمريكيين اليهود (يتم تقديمهم بوصفهم مجرمي حرب في غاية العنف والسادية) والذين يُكونون، بالاستعانة ببعض الممثلين والعاملين في السينما، فرقة لتصفية الضباط النازيين في فرنسا المحتلة من قبل النازي في الحرب العالمية الثانية، ويشرعون في تنفيذ خطة لاغتيال الوزير جوبلر، بل وهتلر شخصياً، وباستثناء المشهد الافتتاحي الطويل، الذي يحمل بصمات أسلوب تارانتينو في الحوار وبناء المشهد، فإن بقيته تعد أضعف ما صنع تارانتينو على الإطلاق، رغم محاولته لصنع "ويسترن سباجتي" في إطار فيلم ينتمي للحرب العالمية الثانية.

والضعف الفني للفيلم يرجع إلى مقامرة تارانتينو باستخدام ثيمة (الكونت ديمونت كريستو) في غير محلها، فمن ينفذون الانتقام في الواقع هما: ممثل سينمائي وصاحبة دار عرض سينمائي في فرنسا، لا مجموعة من دوبليرات المشاهد الخطرة في السينما كفيلم (ضد الموت)، ولا قاتلة محترفة كما في (قتل بيل)، هذا من ناحية، ومن ناحية أخرى العبث بالصورة السنتيمنتالية التي رسمتها هوليوود من قبل لتلك الحقبة على أنها حقبة التضحيات، والبطولات العظيمة الخالدة، والتفوق الأخلاقي لأحد الطرفين على الآخر، وهو ما حاول تارانتينو هدمه بتقديم فرقة الانتقام الأمريكيةـاليهودية على نحو عنيف وسادي (يقتلون خصومهم ويسلخون فروات رؤوسهم)، بل وتقديم ذلك على نحو يبعث الضحك (وهو ما حدث بالفعل في صالات السينما عند عرض الفيلم)، وكأن العنف والقسوة يصلحان هما أيضاً مادة لصنع للكوميديا والترفيه.

الملاحظة الأخيرة تنطبق على كل أفلام تارانتينو حتى الآن؛ فهو دائماً ما يربط في أفلامه ـمنذ أول فيلم حتى آخر فيلمـ بين العنف المفرط والكوميديا، ولنتذكر على سبيل

المثال: قطع أذن المخبر في (كلاب المستودع)، إطلاق النار على وجه مارفن خطأ (حكايات مثيرة)، قتل روبرت دينيرو لبريجت فوندا لثرثرتها في (جاكي براون)، الإصابات التي تلحق بالمهووس في الجزء الثاني من (ضد الموت)، مشاهد التعذيب وسلخ فروة الرأس في (أوغاد مغمورون).

ومن الغريب في هذا الفيلم، أن تارانتينو يزيف التاريخ عن قصد وعمد، بأن يجعل فرقة الانتقام تنجح في اغتيال جوبلر وهتلر وبالتالي إنهاء الحرب العالمية الثانية بهذه الطريقة، وكأن التاريخ لا يعنيه، ولا الحقيقة الموضوعية تعنيه، بل ما يعنيه فقط هو أن يؤكد على قوة السينما التي قضت على هتلر، السينما مُمثلة في السينمائيين أعضاء فرقة القتل، بل وفي الإحالات التي لا تنتهي للأفلام وللشخصيات السينمائية على لسان فرقة مجرمي الحرب الأمريكيين.

عموماً، وأثناء مشاهدة عمل ما لتارانتينو، يُنصح المشاهد بأن يأخذ أجازة من التاريخ، ومن الحقائق الموضوعية، ومن الأخلاقيات أيضاً.

لكن، ورغم تنوع هذه الأفلام، وتباين مستوياتها الفنية تبايناً غير كرونولوجي ـفالفيلم الأول مثلاً أفضل من الثالث، والثالث أفضل كثيراً من السادسـ، إلا أن غياب فكرة "التراكم" هذه، لا تنفي أن هناك عاملاً مشتركاً بين جميع أفلام تارانتينو؛ ألا وهو "الأسلوب"؛ فأفلامه تظل دائماً، على تنوع قوالبها وطريقة بناءها، أفلاماً شخصية بامتياز، أفلاماً يضمها جميعاً خيط الأسلوب، وكأن المقامر يغير من الطاولة التي يقامر عليها، ومن المكان الذي يقامر فيه، بل ومن نوع اللعبة التي يلعبها، لكنه يحتفظ طوال الوقت بأسلوبه في المقامرة لا يبدله، لأنه لا يستطيع أن يبدله.

ومن المثير ملاحظة أن من أهم العوامل المشتركة في أسلوب تارانتينو السينمائي، هو أن شخصيات أفلامه ليست شخصيات درامية نمطية، فحياتها لا يقودها هدف درامي ـباستثناء (قتل بيل)ـ، ولا هي شخصيات كاملة الاستدارة، ولا ثلاثية الأبعاد، هي كشخصيات الدمى الكرتونية، حتى في علاقاتها بالعالم وبغيرها من الشخصيات، فمخلوقاته هي سلالات لا تعنيها كثيراً الأفعال بقدر ما تحرص حرصاً شديداً على "شكل" التنفيذ، وأوضاع الجسد، والإشارات، والإيماءات أثناء تنفيذ الفعل؛ الشكل دائماً عند شخصيات تارانتينو هو البطل، وكل شيء آخر (الأفعال، الأقوال، العلاقات، القيم) لا تفعل في الحقيقة سوى أن تكون إكسسوارات للشكلـالموضة.

إنها مخلوقات لا يميزها إلا خصيصة إنسانية واحدة: وعي عال، وعميق، وحاد بالذات، بالأنا، نرجسية مفرطة، إنهم لا يوجدون لكي يفعلوا، بل لكي يمارسوا ظهورهم، إنهم ممثلون للنخاع ـوكل شيء في أفلام تارانتينو هو عن حب الظهورـ، لكنهم ممثلون على السطح فقط، فلا شيء ينفذ للأعماق، فالكلمات لا تخرج من أفواه مخلوقات تارانتينو للتعبير عن شيء ما، بقدر ما أن هذه المخلوقات تحيا لكي تستهلك هذه الكلمات، كالممثل الذي يؤدي دوراً، ولكن لا أثر لكائن إنساني حقيقي خلف هذا الممثل.

ومن هنا مثلاً يمكن تقدير "القفزة الإيمانية" لصامويل جاكسون في (حكايات مثيرة) تقديراً كبيراً لأن شيئاً ما قد نفذ للأعماق، أو على العكس، تزعجنا ـكمُشاهدين معتادين

على أسلوب تار انتينو ـ اللمحة العاطفية لجوليا جانجل في (ضد الموت) عندما تتبادل رسائل SMS مع حبيبها الذي لا نراه.

إن عالم تارانتينو هو عالم أحادي الصوت ـ على عكس مثلاً بوليفونية شخصيات دوستويفسكي المتعددة الأصوات ـ، لكن رغم هذا "الإيجاز" الدرامي في رسم الشخصيات، الذي يشبه زيف الرسومات الكرتونية، إلا أن المفارقة أن هذا الزيف أقرب كثيراً للصدق من كل المحاولات "الواقعية" للتعبير عن الحقبة التي يعيشها الإنسان في مجتمع مابعد الحداثة الاستهلاكي.

المُشاهد المتابع لأعمال تارانتينو يعرف أن كل شخصياته تتكلم بلسانه هو، إنه هو الممثل ـ المؤدي الحقيقي لكل أدوار شخصياته الكرتونية، ولكن لا يصح الاستنتاج بأنها كلها تعبير عنه هو شخصياً، بقدر ما يمكن القول بأنه يستمتع بالتعبير بطريقته الشخصية عن هذه الشخصيات، إنه مؤدي "كاروكي"، إنه يستمتع بلعب دور الخارج عن القانون، رجل العصابات، راعي البقر الذي يدخل في مبارزات فردية مع خصومه، إنه مقامر يتطلع إلى لفت نظر بقية الحضور في صالة القمار بلعب دور المقامر الذي يصارع الحظ، يصارع القدر.

ومن هنا فإنه يصمم كل جزء في أفلامه كما في ألعاب الـ virtual reality، بحيث يلعب هو في كل منها (كمؤلف) دور البطولة، ومن هنا تأتي شهيته العارمة بتفعيل أداة "المفاجأة" باستمرار، التي تتيح للمؤلف أن يلعب دور البطولة، فالمصير والتغيرات في يده هو وحده، وهو المسؤول عن خلق الصدمات المتتابعة في نفس المُشاهد؛ إن تارانتينو يحيا سينمائياً على إيقاع الصدمات، وخلق الارتباك والتوترات التي تستتبعها.

ينتج عن ذلك حقيقة أنك بمشاهدة أفلام تارانتينو، فإن أفلامه لا تتغلغل داخلك ـ ربما نتيجة اعتمادها على "الصدمات" المتتالية التي تجهض محاولات التسلل إلى داخل النفس ـ، بقدر ما تتغلغل أنت كمشاهد داخلها، مثل مؤدي الكاروكي أيضاً الذي يؤدي الأغنية المسجلة مسبقاً على خلفية مصورة مسبقاً، والذي يكون انتباهه وتركيزه منصب على النجاح في التزامن بصوته مع أغنية الخلفية، فلا يتسلل في النهاية شيء حقيقي من الأغنية لداخله.

ولذلك لا يتمتع المشاهد بأي حرية في التملص من هذا العالم، ولا بأي مساحة للاختلاف في الرأي أو التفسير، في عالم مابعد حداثي يزخر بالشطارة الخاوية من المعنى، هذا هو عالم تارانتينو، الذي لا يقدم أفلامه للمُشاهد لكي يحرره من الوعي الزائف، بل على العكس، لكي يضفي عليه مزيداً من الأثقال والقيود الذهنية المعبأة في شكل صدمات متلاحقة لا فكاك منها، وكأن المُشاهد لدى تارانتينو هو العدو.

نجيب الريحاني.. الكوميديا الذكية

وإذا نعتنا لوناً كوميدياً بالذكاء فلابد أن هناك لون غبي؛ هو ما سنطلق عليه "المساخر" (من السُخْرَة: أي الهُزْء)، والتي نجحت للأسف في تكريس فكرة سلبية عن فن الكوميديا في الوطن العربي. وسيعد من قبيل إضاعة الوقت ضرب أمثلة لها، فهي منتشرة طولاً وعرضاً وعمقاً في السينما والمسرح والتليفزيون.

وقبل أن نشرع في تفصيل الفروق الكبيرة بين كلا النوعين من الكوميديا، سنشير عرضاً إلى رأينا بأن تيار الكوميديا الذكية لم يكن في وقت من الأوقات هو التيار السائد في مصر والوطن العربي. فبالرغم من أنه يقوى أحياناً، بفضل محاولات فردية جادة، كمحاولات نجيب الريحاني مع بديع خيري، ونعمان عاشور، ويوسف إدريس، وسعد الدين وهبة، وألفريد فرج، وعلي سالم، ونهاد قلعي مع دريد لحام، ولينين الرملي، وآخرون، لكنه يظل هو الاستثناء اللطيف الذي يأتي رثاءً لحال القاعدة الخربة.

<u>"الخبرة" هي التاريخ الطبيعي لكوميديا الريحاني</u>

والخبرة في تعريفها البسيط هي المعرفة المفيدة. وكل معرفة قائمة على التجربة. ووعي الفنان يتشكل بتأمل تجربته المعاشة، محاولاً فهم نفسه، وفهم العالم من حوله، ثم يسعى بدوره إلى التعبير عن هذا الإدراك "الموضوعي" في شكل فني. إن الخبرة هي البنية التحتية لكل فن كبير. وما قبل العمل الفني (أي الخبرة) هو ما يكشف الفنان الأصيل من المدعي، والفن الكبير من الصغير. وما يجعل المساخر شكلاً متدهوراً من الكوميديا هو استحالة حصاد أي خبرة منها. في المسخرة تنفصل الفكاهة عن التجربة، فنضحك على الافتعال والفبركة والتشويه والابتذال والفظاظة والتهافت والتهاوي.

ولاشك عندنا في أن تجربة الريحاني في الحياة هي التاريخ الطبيعي الذي ترجع إليه أعماله، مضافاً إليها درجة تطوره في الحرفية والأسلوب. فالريحاني يستخدم تجربته في الحياة كصنارة لاصطياد عنصر "التصديق" اللازم لإتمام اللعبة الفنية على نحو ناجح. فلا تفاعل مع الدراما إلا بالتصديق. والتصديق لا يتأسس على الصحيح والخاطئ، ولا على الخير والشر، ولكن على "حقيقية" التجربة الإنسانية.

ينطوي الأمر إذن على قران بين الفكاهة وتجارب الحياة المعاشة، على نحو لا يأتي معه العمل الفني تعبيراً عن تجربة واقعية صرفة، ولا خيال صرف، وإنما عملية تخييل للتجربة. وجمال العمل الفني هو في الذهاب والعودة بين هذين الحدين؛ الواقعي والخيالي.

وتبدو لنا كوميديا الريحاني عموماً وكأنها إعادة قراءة لتجربته في الحياة من خلال إعادة كتابتها. وما اختياره لحبكة ما من الهزليات الفرنسية مثلاً، لإعادة كتابتها وتقديمها في صورة ممصرة، إلا محاولة لترتيب مخزون خبرته ومادة خياله في تتابع سردي منظم. ولذلك تختلف أعماله عن أصولها الفرنسية على نحو تام وقاطع.

إننا نلمس خبرة الريحاني مجسدة في كل أعماله منذ البدايات المبكرة. إن شخصية كشكش بك العمدة الريفي الذي يفد إلى القاهرة ومعه الكثير من المال، فتلتف حوله الحسان

81 "

والآفاقين ويضيعون ماله ويتركونه "على الحديدة"، ليعود إلى قريته وهو يعض بنان الندم، إن هذه الحبكة هي نفسها صدى لأحداث فعلية وقعت للريحاني نفسه. يذكر الريحاني في مذكراته أنه بعد أن فقد الأمل في أن يصبح ممثلاً تراجيدياً، واستقر به الحال في مدينة نجع حمادي كموظف في شركة السكر، استطاع أن يقتصد طوال عدة سنوات مبلغ مائتا جنيه ذهبي مصري، وعندها قرر الحصول على أجازة من عمله ليقضيها في القاهرة ويرى ما وصل إليه زملاؤه في فن المسرح. ويذكر الريحاني أنه قد "توسع في الإنفاق هنا وهناك"، حتى انتهت أجازة الشهرين وقد أتت على آخر قرش في جيبه، مما اضطره إلى اقتراض أجرة القطار للعودة إلى نجع حمادى في الدرجة الثالثة. وبعد ذلك بسنوات، يعود للقاهرة مرة أخرى، بعد أن رفت من الخدمة بالشركة، فيصرف كل ما قد ادخره من جديد (سبعون جنيهاً في أسبوعين فقط، حتى أن فرقة جورج أبيض تستلف منه آخر ما تبقى معه من جنيهات لدفع رواتب ممثليها، ثم تسوف وتتهرب من رد المبلغ إليه، وتعامله معاملة الشحاذين. إن اسم كشكش نفسه هو الاسم الذي كانت تنادي به الريحاني صديقته لوسي، على سبيل التدليل، قبل ابتكار الريحاني للشخصية.

إن تاريخ الريحاني هو تقريباً تاريخ شخصياته: تاريخ موجز للغدر والجحود. وحبكة أعماله تسير دائماً في قوس مبتدئة من النحس والظلم، إلى السعادة وتحقق الأمل. إنه نموذج مبسط للخروج والقيامة؛ انتصر الشر بصلب المسيح لكن الأمل في قيامه. إنها تلك اليوتوبيا التاريخية البسيطة التي تربط الناس معاً في المجتمع.

وربما يكون سبب قفل أعماله بنهاية سعيدة على تحقق الأمل والسعادة، وليس بالعودة الدائرية كي يغلق القوس مجدداً على الغدر والتعاسة، هو لإدراك الريحاني بغريزته الفنية الفرق الكبير بين الكوميديا والتراجيديا.

<u>النهايات</u>

تأتي النهايات في الكوميديا سعيدة مرحة فرحة، على عكس التراجيديا. فأساس فن الكوميديا هو التأكيد على قدرة الإنسان على تخطي الصعاب، وبقاء الأمل في التصالح مع الحياة. أما إذا جنحت الكوميديا لتقديم الإنسان في النهاية بوصفه عاجزاً أمام القدر، أو بوصفه ليس سيداً للعالم بل سجينه، فإنها تكون قد ضحت بالأثر المضحك لصالح المعنى التراجيدي الأعمق. ومن هذا القبيل النهاية الاستثنائية لفيلم (غزل البنات، 1949).

لكن القاعدة العامة في أعمال الريحاني أن تأتي النهايات على نحو تتواطئ فيه الطبيعة مع الإنسان الصالح ذي الحظ التعس. فالرسالة التي تحملها أعماله هي أن جهد الرجل الصالح لن يضيع هباءً، وأن التربية الحسنة والأفعال النبيلة والصبر والمثابرة تقود في النهاية إلى النجاح المادي والعاطفي. قد يأتي ذلك عن طريق مكافأة تهبط من السماء بورقة ياناصيب (فيلم أبو حلموس، 1947)، أو من ثري يقدر النبل في زمن شحيح الأخلاق (فيلم لعبة الست، 1946)، أو بالاقتران بامرأة ثرية وقعت في هوى الفقير الصالح: (فيلم ياقوت، 1934)، (فيلم سي عمر، 1941)، (مسرحية الجنيه المصري، 1931- وقدمها فؤاد المهندس بعنوان: السكرتير الفني)، (مسرحية الدلوعة، 1939)، (مسرحية إلا خمسة، 1943). والمصاهرة عند الريحاني ليست مدانة كفعل وصولي للترقي الاجتماعي، كما نجدها عند

نجيب محفوظ في فترته الواقعية مثلاً، حين يصورها كفعل انتهازي يسعى من خلاله ابن الطبقة الوسطى للصعود إلى طبقة أعلى ويودي به في النهاية إلى الفجيعة؛ مثل محفوظ عبد الدائم في (القاهرة الجديدة، 1945)، أو حسنين في (بداية ونهاية، 1949)، أو رضوان في (السكرية، 1957). بل على العكس، يأتي الترقي عن طريق المصاهرة في كوميديات الريحاني كمكافأة من السماء للرجل الصالح على حسن السير والسلوك.

فإذا كان منطق الواقع، المستقى من خلاصة الخبرة والتجربة، يسود أعمال الريحاني، فإن منطق الأحلام هو الذي يسود نهاياتها. إن ضربات القدر، وظلم البنى الاجتماعية، يستطيع الإنسان أن يتغلب عليهما في النهاية. يصبح اللاممكن ممكناً، وتتاح للأماني التحقق، وتُحل صراعات الواقع على نحو ناجح وفرح. باختصار؛ يحل منطق الليل محل منطق النهار، وتنتصر في النهاية الطوباوية ـ الحُلمية قيم الحق والخير والجمال. لكنها طوباوية ضمن نفس شروط العالم القائم، وضمن نفس نمط علاقاته (السيد/العبد).

لكن حفاظ الريحاني في أعماله على شروط الوضع القائم لا ينفي وجود رؤية متماسكة ومنسجمة نراها تتكرر باستمرار تعكس وعيه بحالة التفاوت الطبقي والظلم المجتمعي. إن اليوتوبيا التي يختتم بها أعماله هي انتصار لما يُعرف بنموذج "أخلاقيات الفروسية" أو "الأخلاقيات البدائية" على نموذج "أخلاقيات رأس المال". إن أخلاقيات "كل شيء يُباع ويُشترى" مدانة دائماً في أعماله، ومن الأمثلة البارزة على ذلك المونولوج العاطفي لحسن أبو طبق مع زوجته لعبة في (لعبة الست)، قبل أن يقوم بتطليقها مباشرة.

إن الغاية الأخلاقية في أعمال الريحاني لا تقتصر على مكافأة السماء للرجال الصالحين المثابرين، بل هي، ككل كوميديا كبيرة، تكمن في محاولة جعل حمولة الأحزان محتملة. إنها هدنة من تجربة الرعب والفوضى. فمأساة الحياة يمكن تحملها لو ألبسناها رداءً كوميدياً، عوضاً عن الاستسلام للقنوط والعزلة والجنون. وبهذا تكتسب الكوميديا عظمتها من كونها تقدم إسهامها للبشرية في زعزعة كابوسية الوجود، وتمنحنا فرصة الحفاظ على اشتعال جذوة القدرة الإنسانية على الفعل والسعي؛ تماماً كبطل الريحاني المثابر الذي لا يكف عن السعي.

<u>البطل</u>

البطل عند الريحاني هو الرجل الصالح الذي هو تجسيد للطيبة والحكمة البدائية. وبالرغم من أن بطله منحوس تعس يحيا كورقة جافة في مهب الريح، إلا أنه صابر على المحن. وهو نفسه أول المؤمنين بعثار حظه وابتلاء قدره، ولذلك يعفي نفسه من تعليل أسباب سوء حظه، ويكتفي بسرد وقائع سوء الحظ متسلسلة، وكأنها التجسيد على تصميم القدر على معاندته (مونولوج الأستاذ حمام مع سكرتير الباشا في "غزل البنات"). وربما لم يستطع فنان عربي أن يجسد معاني سوء الحظ والتعاسة بأقوى مما فعل الريحاني في هذا المونولوج القصير. إن القوة هنا تنبع من هذا التسلسل الزمني الدقيق والشامل الذي يظهر فيه عثار الحظ بنفس انتظام دقات الساعة. وبهذا المونولوج القصير يستوعب الريحاني مسيرة حياة الشخصية (وحياته الخاصة) كاملة.

فصورة البطل في أعمال الريحاني تصطبغ بصورته هو نفسه، ولا يمكن تأمل أعماله بشكل منفصل عن تاريخ حياته. هناك حضور كبير للمؤلف في شخصية البطل. إن الشخصية هي التي تتكلم، لكن السيرة الذاتية للريحاني نفسها هي التي تكون حاضرة. ويمكن اعتبار ذلك إحدى سمات "الازدواجية" التي نلاحظها في أعماله باستمرار، والتي اعتمد عليها كأهم أسلحة توليد الكوميديا، ورسم الشخصيات.

من ملامح تلك الازدواجية قدرته المدهشة على أن يشعرنا بأنه ممثل ومتفرج في نفس الوقت؛ وكأنه مؤلف قد انخرط في لعبته ذاتها. أو كأنه يحاكي ذاته محاكاة ساخرة. أنا وآخر في نفس الوقت. المشهد والحياة. إن تقنية السرد هنا تتأسس على الإمكانية المزدوجة للسرد بكلا الضميرين: الغائب (هو)، والمتكلم (أنا). وفي كل الأحوال فإن موقف البطل ليس موقف الناصح بقدر ما هو موقف من يعلق على الحياة؛ ليس موقف القائد، ولكن المحارب الأخير البائس الذي يُترك وحيداً بعد المعركة.

ورغم أن بطل الريحاني يتلقى ضربات القدر الواحدة إثر الأخرى، إلا أنه لا يكف عن السعي والمحاولة؛ فهو قوي الإرادة، لا يغرق في الهزيمة ولا في الظروف المعادية. صحيح أنه قد يخضع لسلطة ذوي المصالح والانتهازيين واللصوص، لأنه ذكي ومدرك لهيكلية الشر، وقوى الاستغلال المبنية على نموذج "السيد-العبد"؛ ومدرك أنها أقوى من أي جهد فردي لتغييرها، إلا أنه مع ذلك يظل واعياً بهذه الانتهازية، وينبذها في أول فرصة عندما تتغير الظروف، ليعود إلى طبيعته بوصفه الرجل الصالح. وهذا ملمح آخر من ملامح ازدواجيته.

إن البطل الصالح عند الريحاني يحتوي على رجلين لا رجلاً واحداً. هناك المتشائم الذي خبر الحياة وعرفها ويُصرح بوجهة نظره عنها. وهناك الرجل الواقعي الذي يغلق فمه ويتراجع في اللحظة المناسبة. ويتمثل الذكاء في رسم هذه الازدواجية في الآتي: إن سيادة الجانب الأول سيؤدي إما إلى التصادم مع المجتمع، أو العزوف عن الحياة. وسيادة الجانب الثاني سيؤدي إلى الخنوع والمذلة. ولن يحملنا أياً منهما على الضحك (بل سيُنتج تراجيديا). لكننا نضحك من حركة التردد البندولي للبطل بين كلا الجانبين ونحن ندرك أن كلاهما متعايشان فيه جنباً إلى جنب في شكل سلمي خال من الصراع.

ليس النبل هو ما يضحكنا في شخصية البطل، بل الشكل الخاص الذي يتخذه النبل عنده؛ أي هذه الازدواجية التي نلمسها. إنه على وفاق مع الأخلاق، وفي نفس الوقت على وفاق مع المجتمع الذي قد يفرض عليه عكس الأخلاق. ويتم ذلك بمنتهى البراءة والطبيعية. إن مصدر الضحك هنا هو هذا الاندماج العجيب بين كلا الجانبين (المثالي والواقعي)، والذي هو مألوف لنا جميعاً في حياتنا اليومية.

ورغم هذا الملمح لازدواجية البطل ـوالتي تحيا فيه المتناقضات سلمياً جنباً إلى جنبـ، إلا أنه لا يرتدي أبداً أقنعة. ولذلك فهو هادئ رقيق وديع كالأطفال، لا يحمل قلبه حقداً ولا ضغينة، ولا يشعر بازدراء لنفسه ولا يكرهها. حتى أن نظرته التشاؤمية للحياة لا تصل إلى درجة وصمها بالعبث والعدمية، لأن هناك دائماً أمل في انتصار الخير. ولذلك لن نصادف حالات مرضية للروح؛ كالجنون، أو الفصام، ولا حتى الكوابيس.

إن بطل الريحاني شخص يلتقي فيه الإنسان العادي بنفسه. إننا نضحك معه لأنه يعرض لنا شخصاً يشبهنا. قال باسكال مرة: "وجهان متشابهان لا يُضحك أي منهما بمفرده، ولكنهما يُضحكان وهما متجاوران بسبب تشابههما." إن مشاهدتنا لتكرار تجربتنا الشخصية في الحياة، هذا التكرار هو مصدر ضحكنا. إن الكوميديا تذكرنا بالعناصر المتشابهة بين البشر، بينما تعرض لنا التراجيديا المختلفين (هاملت، راسكولنيكوف، إيفان كارامازوف) ممن لا يمكن أن يكونوا نمطاً أو قالباً.

ولذلك تصور كوميديا الريحاني الأنماط العامة القابلة للتكرار. والقضايا الإنسانية التي تعالجها هي عمومية تنطبق على البشر جميعاً، وتتوزع بين ثنائيات: الحب والخيبة، العمل والبطالة، الوفاء والخيانة، الفقر والغنى، إلخ. إن تقنية الإضحاك عنده تستهدف العام لا الخاص في الإنسان.

<u>التقنية والأسلوب</u>

يرسم الريحاني-خيري شخصياتهما كأنماط كاريكاتورية (الموظف الشريف الغلبان، ناظر الوقف الفاسد، الأب الغني العصبي، الابنة المخادعة، الزوجة المتطلعة، الدنجوان النصاب، إلخ)، بحيث تهيمن على الشخصية صفة واحدة على بقية الصفات، فيتعرفها الجمهور فوراً بمجرد ظهورها. وربما لهذا نتذكر شخصياته أكثر مما نتذكر أسماءها.

إن النمطية في رسم الشخصية من لوازم العمل الكوميدي؛ لأنها تساعد على إبراز الصفة المركزية أو العيب المستهجن، ونقد البنية الاجتماعية التي أفرزته (ولذلك تحمل الكوميديا -في عمقها- وظيفة اجتماعية). ومن ناحية أخرى، فإن هذه النمطية تمنع الاندماج العاطفي مع الشخصية المرسومة، بحيث يحافظ المؤلف على مسافة شعورية بينها وبين الجمهور. إن هذه المسافة لازمة لتوليد الضحك، الذي هو عملية عقلية تتوجه إلى الذكاء وتنتج من إدراك المفارقة والتناقض. وكبار ممثلي الكوميديا يدركون أن الشرط اللازم لإثارة الضحك هو انعدام الاندماج العاطفي. ليس للكوميديا من عدو أكبر من الانفعال. إننا حين ننفعل وتتحرك مشاعرنا في سعي المتسكع تشارلي لاستعادة الطفل الذي نم انتزاعه منه في (الطفل، 1921) لا نعود نضحك بل نبكي.

وقد حاول الريحاني تدريجياً صقل عمله على نحو مال معه إلى الكوميديا "العقلية" أكثر من "الجسدية"، منعطفاً بفن الكوميديا إلى عالم أكثر رقياً. فهو مثلاً لا يظهر بوصفه الكوميديان الأوحد الذي يهيمن بمفرده على الضحك ويقف على المسرح سيداً بين العبيد. إن أعماله لا تتحمل استبعاد الآخرين؛ وهو ما يمارسه النجم-الكوميديان في المساخر، بل يظهر الريحاني في أعماله كأول بين متساوين؛ واقفاً على عتبات الممثلين الآخرين المساوين له في القوة. إننا نلمس في تلك الأعمال حرصها على أن تكون "مشهداً" لا مجرد نكتة أو "إفيه". إن الإفيه فيها ليس هو وحدة العمل كما في المساخر.

فالمسخرة تركز على استدرار الضحك من عنف الحركة (كأن يضرب الممثلون بعضهم البعض)، أو شذوذ النسب الجسدية (طويل/قصير، بدين/نحيف)، أو السخرية من التشوهات الحركية للممثلين، أو ما يرتدونه من أقنعة (رجل يتنكر في زي امرأة، إلخ)، أو

إباحية اللفظ. بينما ترتقي الكوميديا عند الريحاني إلى قوة المفارقة في الموقف الفكاهي، مستخدماً تقنيات درامية ذكية لخلق تلك المفارقات.

فمثلاً من التقنيات التي يستعملها لتوليد الضحك أنه يبث الحياة في الأشياء والأدوات (العصا تصبح: الحاجة زهرة ـ القدوم يصبح: عنكب، إلخ)، وهو عكس تشييء الإنسان الذي تقوم به المساخر؛ حيث يصبح سلوك الشخصية آلياً ميكانيكياً يوحي بالعماوة والإصرار الغبي، أو تتحول الشخصية الإنسانية إلى مسخ، أو على الأقل إلى شيء ما. إن الكوميديا الكبيرة تضفي صفة الأنسنة على الأشياء، وتعقلن الأدوات والحيوانات والأطفال، بينما تشييء الكوميديا الصغيرة الإنسان وتحوله إلى شيء أو حيوان أو مسخ. ترتفع الأولى بالأشياء إلى مرتبة أعلى، بينما تحط الثانية بالإنسان إلى أسفل. ومن ذلك أيضاً أن الكوميديا الكبيرة تصور الذكاء الذي في الرجل الغبي، بينما تصور المساخر الغباء الذي في الرجل الذكي، وهكذا.

ومن أذكى التقنيات عند الريحاني ما يمكن أن نطلق عليه "قلب الأوضاع". إن اللص في (سي عمر) هو الذي يقدم الموعظة عن الشرف للرجل الصالح، والذي ينقلب لاحقاً إلى لص، بل ويصبح أمهر منه في فنون اللصوصية، ثم ينقلب ثانية من لص إلى صاحب أملاك يحاول الحفاظ عليها من اللصوص. وبائع السمك في (السكرتير الفني) هو الذي يقدم "العلم النافع" إلى معلم المدرسة. ويتحدث مدرب الكلاب بلهجة الأسياد، بينما يبدو الباشا كبستاني (غزل البنات). ويصبح الساعي أميراً في (سلامة في خير)، والأمير نفسه حاجب عنده. والمحامي سائقاً في (إلا خمسة)، إلخ.

يصبح المخدوع خادعاً، والجاهل عالماً، واللص شريفاً، والشريف لصاً، وتنقلب الأوضاع على نحو مستمر. ونضحك نحن بسبب إدراك عقلنا لنظام غير طبيعي قد دخل على نمط العلاقات واتجاهها. وأحد أشكال تحقيق هذه التقنية الكوميدية هو أن يأخذ المؤلف إحدى الشخصيات ويضعها في وسط غريب عنها تماماً. كأن يضع سلامة في وسط الأمراء ليلعب دور أمير زائف، أو المحاسب الشريف في وسط اللصوص ليصبح لصاً محترفاً، أو المعلم الفقير في وسط الباشاوات ليتورط في علاقة حب وهروب مع ابنة الباشا، أو المحامي الشاب في وسط الخدم والسائقين، إلخ.

ومن التقنيات الذكية أيضاً استخدامه لعنصر "المهنية" في توليد الكوميديا. إن الضحك في مشهد الفساد في دائرة الوقف في فيلم (أبو حلموس) يتولد من كون الرجل الصالح يستخدم كل خبرته المهنية في تعليم ناظر الوقف الفاسد كيف يمارس فساده على نحو أفضل. إن الرجل الصالح ينقلب هنا إلى مشعوذ مهني. وكأن كل خبرته المهنية قدْ خُلقت لأجل هذا الموقف بالذات. ونضحك في موقف آخر معكوس في فيلم (سي عمر)؛ حين يستخدم المعرفة التي اكتسبها من الفاسدين، في الوقوف للفساد بالمرصاد، حين يصبح مسؤولا عن أموال الأسرة. هنا أيضاً تبدو الخبرة المهنية كأنها قدْ خُلقت لهذا الموقف بالذات.

في فيلم (أبو حلموس) أيضاً هناك شكل آخر لاستخدام "المهنية"؛ حين يحصر ألفاظ وردود أفعال ناظر الوقف داخل المنطق والمصطلحات الخاصة بالمهنة، وكأنه غير قادر على التصرف كإنسان طبيعي خارج حدود مهنته. يجبر ناظر الوقف الفاسد أبا حلموس على

كتابة "كمبيالة" إثر "كمبيالة" ليجرده من ثروته المرتقبة. إنه يستخدم الخاص في العام، منطق المهنة في الحياة العامة، و هذا يولد أثراً كوميدياً ذا طبيعة راقية لأنه يبرز الجمود و التصلب الذي تحدثه المهنة في الشخصية الإنسانية.

<u>اللغة و الحوار</u>

الإنتاج الأفضل للريحاني كان بمشاركة بديع خيري في الكتابة الدرامية والحوار. ويمكن اعتبار الكتابة لديهما نتاج حوار مشترك ومنسجم بينهما، للدرجة التي يمكن معها وصفها كانقسام مؤلف إلى اثنين، أو كالمسافة التي يتخذها المؤلف إزاء ذاته وهو يكتب (الازدواجية مرة أخرى).

إننا نلمس في حوارات الريحاني-خيري نفس الخصائص الشخصية لهما معاً (القاموس اللغوي الخاص، تركيب الجملة، نظام القيم، إلخ)، وكأن الحوار عندهما هو الوسيط الذي يربط بين خبرة حياتهما وبين المُشاهد. وربما بسبب ذلك تتجاوز دلالات الجمل والردود في أعمالهما الموقف الدرامي، فلا تظل حبيسة اللحظة الفكاهية بل تتوسع لتشمل الحياة كلها، فتصير أشبه بالعِبر والأمثال، أي شكلاً من أشكال التواصل ونقل الخبرة. إن اللغة عند الريحاني-خيري تصون أحد أهم واجبات الكلمة: الإبلاغ عن التجربة.

إن "الحقيقة" أو "الحكمة" أو "الفائدة" في أعمال الريحاني تولد من العلاقات الحوارية بين الشخصيات. ونسبية هذه "الحقيقة" تتأكد من خلال قوة وجهات نظر الشخصيات المتعارضة. إن الجملة قوية، والرد عليها قوي أيضاً، ويصلح كلاهما كـ "عبرة" بحسب السياق أو الغرض من الاستخدام. يصلح رد الأستاذ حمام: "أنا لو من ٢٠ سنة بعلم كلاب كنت بقيت من الأعيان!" كعبرة. وتصلح أيضاً عبرة الجملة السابقة عليه لمدرب الكلاب: "أيوه، بس مش بالجسم الرقيق ده!". كانت التلفزيونات الغربية تنعي طيور البحر التي تنفق من تلوث مياه الخليج بالنفط الذي تسبب فيه صدام حسين وأبدى يومها أحد الأصدقاء امتعاضه قائلاً إن أطفال العراق أيضاً يموتون يومياً وبالعشرات، فعلق ساخراً صديق آخر مشيراً إلى صور طيور البحر: "أيوه، بس مش بالجسم الرقيق ده!"

إننا في أعمال الريحاني نغادر جمالية الإفيه إلى جمالية شبكة لغوية كاملة لاصطياد الفكاهة. بل إن تفاعلات الحوار مع الواقع (ومع المُشاهد)، وعبر مرور الزمن، تعيد اكتشاف معان واستخدامات أخرى غير الاستخدام الدرامي الأول للحوار. ومن هنا خلود الجمل والردود عند الريحاني. إن الكلمات في أعماله محمية من النسيان.

ونشير هنا إلى أن اللغة في أعمال الريحاني-خيري لم تكن هي النمط التعبيري الشائع للكلام في المجتمع المصري آنذاك. إن أسلوب الحوار عندهما هو طريقة مبتكرة في الكتابة تخصهما. فالجملة عندهما ليست مهمومة بإعادة ترديد المباشرة الساذجة التي يتكلم بها العامة، بل هي خاصة ومختلفة: واضحة، قوية البيان، أنيقة، تتقصى النعوت والأوصاف، وتحسن النفاذ إلى دقائق معانيها وإصابة مقاصدها. وكأن الريحاني كان يحاول أن يُرضي تطلعاته المجهضة إلى اللغة الشعرية للتراجيديا الكلاسيكية. وربما لهذا السبب وجد في الشاعر بديع خيري رفيقاً للكتابة. إن اللغة هي أحد انتصارات الريحاني-خيري.

والتقنية اللغوية في المساخر هي على العكس من ذلك؛ لأنها تقوم على التلاعب في الصيغ الكلامية الجاهزة والجمل النمطية التي نستعملها في الحياة اليومية، مع إدخال بعض التعديلات الشاذة أو اللامعقولة عليها من قبيل: قلب الكلمات، الإفيه، الردح، هفوات اللسان، التلاعب بالمعنى المادي للكلمة، التكرار المتصلب لنفس الكلمة أو الجملة الذي يوحي إما بالغباء وعدم التمييز أو بالخبث الشديد، إلخ. إن الحوار في المسخرة هو تجسيد لفكرة الذات غير المسؤولة عن كلامها. إنه نفي لفكرة وجود أخلاق للكلمة. يصبح إذن الحوار انحرافات وأكاذيب، ويصير الممثلون غير المسؤولين عن ما يلفظون أشبه بالمجتمع غير المسؤول عن ما يلفظ.

الأعمق من ذلك هو أسلوب المفارقة أو الانعكاس الذي تستخدمه الكوميديا الذكية لتوليد الضحك. يتحدث الخادم بلهجة الأسياد، ومدرب الكلاب بلهجة الباشا، بينما يتحدث الباشا ويظهر كبستاني. إن وراء الأشكال العليا من الكوميديا فكرة عميقة في السخرية من الأوضاع الاجتماعية ومن علاقاتها البينية. بمعنى أننا نسخر بينما يكون نصب أعيننا "ما ينبغي أن يكون". ولذلك تحوي الكوميديا الذكية جملاً يمكن الاستشهاد بها في المواقف اليومية. عكس النكتة اللفظية في المسخرة التي لا تبالي إلا بلعبة الكلمات.

تستخدم إذن الكوميديا الذكية اللغة كوسيلة للتعبير عن المفارقات التي تعتري الوجود والتجربة الإنسانية، بينما تستهدف المسخرة اللغة في حد ذاتها كمصدر باعث على الضحك. ولذلك يمكن ترجمة الكوميديا الذكية من لغة لأخرى حتى وإن خسرت بعضاً من نكهتها لاختلاف العادات والآداب، لأن أساس التجربة الإنسانية مشترك، بينما تستحيل المساخر على الترجمة لأنها مدينة إلى بنية الجملة واختيار المفردات في اللغة المحلية.

إن مذهب الريحاني في الكوميديا لا يجد لدينا الآن من يرثه.

Don't miss out!

Visit the website below and you can sign up to receive emails whenever Mohamed Elfeki publishes a new book. There's no charge and no obligation.

https://books2read.com/r/B-A-MYNJ-EQNCB

BOOKS2READ

Connecting independent readers to independent writers.

Also by Mohamed Elfeki

الخرتية
تأملات في سينما الكبار
السينما في عصر النيولبرالية
بيرة في الكلوب
القاهرة تولوز